あかるい死にかた

AKARUI SHINIKATA

MIDORI KIUCHI

木内みどり

集英社インターナショナル

死にそうになったら
延命治療なし
人工呼吸器 ×

死んだら
読経、戒名なし
家族・友人・知人のみで
自宅で おいしいつまみ
おいしいお酒、
好きな音楽かけて
送り出してほしい
お墓には入れないで散骨
葬儀社が仕切るようなこと一切なし

みなさま、
公夏子のことだけ
よろしくお願いいたします。
ペコリ。
誠一さん、ありがとう！
平成23年 4月10日都知事選の日 水野[illegible]

はじめに ——「あかるい死にかた」？

水野誠一

この本を手に取られたみなさんは、まず『あかるい死にかた』という書名に、そして表紙を開くといきなり現れる、いささか風変わりな「遺言状」に戸惑われたかもしれません。

この本には、三一年間僕のパートナーだった木内みどりの「死生観」のかけらがちりばめられています。

だからといって、堅苦しくもなく、悲観的でもありません。むしろ等身大のみどりが、どんな生い立ちや人生を歩んできたのか、そして二〇一一年三月一一日の震災を境に何に覚醒したのかを、感じたままに書き綴った断片なのです。

木内みどりの「死生観」の根本は、「誰でもみな、裸で生まれてきて裸で死んでいく、確実に。なにも持っては行けない、お金も名誉も土地も家も伴侶も子どもも。ひとりで生まれ生きて、ひとりで死んでいく。」（マガジン9『木内みどりの「発熱中！」』二〇一四年九月三日）に読み取れるのではないでしょうか。またこうも言っていました。「人間は誰でも致死率一〇〇％なのだから、そのときが来たら潔く受け入れたい。せめてそれまでは、原発や核廃絶を目指して少しでも役に立ちたい」と。

仕事先の広島市内で、木内みどりが急逝したのは、二〇一九年一一月一八日の未明でした。僕が海外出張から帰国したのも同日のほぼ同時刻。自宅で仮眠したあと、仕事に出かける準備をしているときにかかってきた知人からの電話で、それを知りました。前夜、広島の「平和祈念資料館」で朗読の収録を終えて、懇親会のあとホテルに戻り、自室内で急性心臓死のために亡くなったという知らせでした。一瞬頭のなかが真っ白になるほどのショックでしたが、半面「やはり」という不思議な納得感もありました。

なんで「やはり」だったのか？　それは、二〇一一年の震災以降、みどりがことあるごとに「私の方があなたよりも先に死ぬような予感がする」と言い続けていたからでした。遺言状を書いたのも、同年の四月一〇日でしたし、あの震災によって、誰もがいつも死と直面していることに、はっきりと覚醒したのではないでしょうか。

日頃から直感力にすぐれていたみどりに、予感どおりまさかの出来事が起きてしまったのです。

以前から二人の思いが一致していたことがありました。それはお互い充実した時間を十二分に共有できたこと。そしてそれぞれの人生でも、この年齢まで十二分に仕事をすることができたこと。だからいつ死んでも思い残すことはないという共感でした。死にそうになったら、お互いに無理な延命治療は絶対にしたくないし、させないという約束もしていました。そのため、みどりも僕も「日本尊厳死協会」に登録していたのです。

みどりがその思いを書き残していたのが、冒頭の遺言状です。

内容は、常々娘の頌子や僕に語っていたとおりで、縁戚である白洲次郎さんが残した「葬式無用、戒名不用」という遺言と同じ主旨でした。実はこの次郎さんの遺言にはさらに出典がありました。それは洋画家・梅原龍三郎さんの「葬式無用　弔問供物固辞する事　生者は死者の為に煩わさるべからず」という遺言です。つまり言い換えれば、思い残すことなくあの世に旅立つのだから、義理を果たすために、形式的な葬儀や弔問などをしていただかなくて結構。まさに「生者は死者に煩わされるべきではない」ということなのです。

みどりが言いたかったこともそれに尽きます。僕もこの潔さに共感していましたから、約束どおりに、なんの仏事も執り行わず、ごく内輪だけで送り出しました。

みどりが日本の仏式葬儀に抵抗を感じていたのには理由があります。

つまり葬儀自体が死者をあの世に送るための形式的なセレモニーになってしまっていて、すべて葬儀業者が、料金のランクに沿ってマニュアルどおりに差配する、しかも死者の個性や人柄を語るきめ細かい配慮などなく、ほとんどの参列者が意味さえ理解しない経典を朗々と読経し、ただ粛々ともっともらしく進む葬儀に、「これはいったい誰のための、またなんのための葬儀なのか？」といつも疑問に感じていたのです。

みどりはこう書いています。

「わたしは仏事が嫌い、お通夜、葬儀、法事が嫌い。誰のために生きているのか、なんのために生きているのかわかりはしないけれど、形式、慣習、常識などに縛られて生きていたくはない。一度きりのかけがえのない人生、最期の最期の最後まで、わたしらしくありたいと願っています。」（「暮しの手帖」第4世紀99号）

また、遺骨を骨壺に入れて、墓石の下のカロートというコンクリートの箱のなかに納めてしまっては、何年経っても「土」に戻れない。ならば遺灰をどこかの山中に散骨して自然に戻して欲しいとも言っていたのです。

日本の葬式仏教を嫌っていたみどりも、チベット仏教のダライ・ラマ法王一四世のことは、心から敬愛していました。来日の度に司会をさせていただいた一四世からも、心のこもった追悼のお手紙をいただきましたが、そのチベット仏教の教えに従えば、死者は誰もみな、四九日間を過ぎれば、輪廻転生し次の生に生まれ変わることが出来るということです。そのためには墓を作ったり、遺品を残したりして、この世にいつまでも未練を残させずに送り出さねばならないという教えです。

みどりも既に地球上のどこかで、輪廻転生を果たしているのかもしれません。単に死をこの世からの消滅と捉《とら》えないで、再生のための旅立ちと捉えることも、「あかるい死にかた」のためには大きな希望ではないでしょうか。

今回、ひとつだけみどりの遺志に背いたことがあります。

それは、みどりを本当に愛してくださった方々からの、「義理なんかではなく、楽しく語りあう会をやって欲しい」という声に背中を押されて、年明けの二〇二〇年二月一三日に、生前みどりが好きだった「国際文化会館」の庭が見える会場で、「木内みどりさんを語りあう会」と「木内みどりお別れの会」を開催したことです。とはいえ、読経も献花もなく、笑顔と笑い声に包まれた会だったので、みどりもきっと許してくれたでしょう。まさに「あかるい死にかた」のエンディングにふさわしいものでした。

弱い者には優しいけれど、強い者には果敢に立ち向かう。常識に囚われることが嫌いで、とりあえず常識を否定してみる。そんなへそ曲がりなみどりの原点は、小学校に入学した日の朝礼で、「右向け～右！」「前に～ならえ！」という号令に、なぜ軍隊式なのか？　と反発を感じたことにあったそうです。そこから学校教育に不信感を持ち始め、高校一年でついに中途退学し、人生の大きな岐路となる「劇団四季」に研究生として入団することになりました。

常々、みどりは「だから私の学歴は中卒」と言っていましたが、それは卑下しているわけではなく、むしろ誇らしげでした。「劇団四季」時代には、好きな作家、ジャック・ロンドンの原書なども独学で読んでいたようです。僕と結婚してからはインターネットに興味を持ち、「デジタルハリウッド」に入学して、高度なホームページ作りをマスターし、ダライ・ラマ法王一四世のために、「ノルブリンカ・ジャパン」のサイトを二〇〇ページ近くもひとりで作成するという偉業を見せてくれました。

興味を持ったこと（彼女は「発熱」と表現していましたが）にはとことん挑戦するという、計り知れない意思力を持った人でした。

小さな疑問を持つと、そこから見えてくる大きな矛盾や問題があります。

現代人があまりにも政治や社会など身の周りの矛盾に対して無関心過ぎることをいつも嘆いていたのが、みどりでした。

みどりの「あかるい死にかた」から、彼女が闘おうとした現代のさまざまな矛盾に気づく、そんな緒《いとぐち》を見つけていただければ幸いです。

もくじ

第一章　大きな力に生かされている喜び

なぜか大好きだった東京タワーを背に。当時、東京タワーにリボンを掛けるプロジェクトを本気で考えていたらしい。

友人の紹介で、僕がみどりと出会った当時は、「天才・たけしの元気が出るテレビ!!」をはじめ、週11本のレギュラー番組を抱える売れっ子だったようですが、テレビ嫌いだった僕はほとんど観ていませんでした。

まず驚いたのは、彼女がいつも自然体だったことです。「女優らしくない」のです。それは結婚して1年後、はからずも西武百貨店の社長夫人になってからも同様。サロペットジーンズ姿で、デイパックを背に、娘を小脇に抱えて、渋谷店の店内を駆け巡っていたようです。育児と家事と仕事を涼しい顔をしてこなす。僕の母親はそんなみどりを敬愛していました。

時が経つにつれて、その母が亡くなり、次にみどりの母も見送りました。二人とも我々にひとつの負担もかけない見事な死にかたでした。大切な人を失って一時は大きな悲しみと痛みを感じていたようですが、力一杯生きて潔く死んだ親たちの生きざまや死にざまから、あかるい死生観を学んだのだと思います。　　　（水野誠一）

少女の日が帰ってくる夏

水玉模様の水着

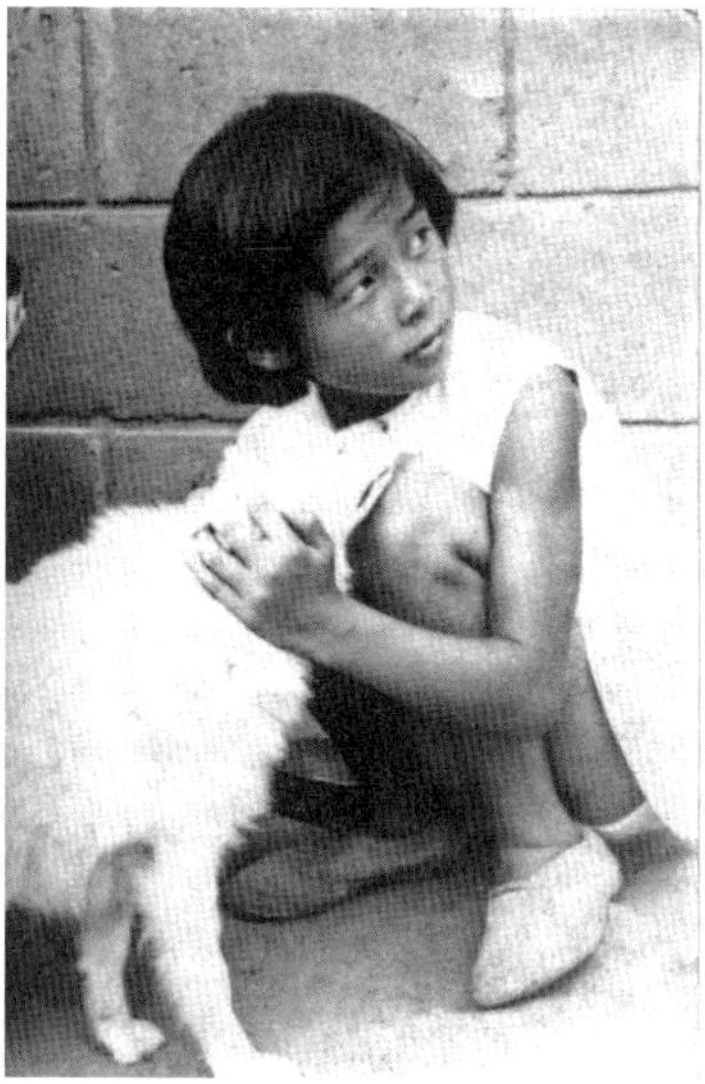

アカルイ。サッパリシテイル。オッチョコチョイ。
どうやら、他人《ひと》はこんな印象をもってくれるらしい。
私は、長女でひとり娘。兄が三人いて弟が一人いる。男兄弟の多い女の子には共通のことなのか、小さい頃の私は、自分の意見とか主張とかをもったことがなかった。いつでも、兄たちの言いなり。まわりに気をつかう、おとなしい子どもだった。五人もの子どもで手いっぱいの母は、比較的無口な女の子の気持ちまで察しているヒマがない。早い話が、兄たちのおもちゃにされて育った。オマエはここで待っていろ……と命令されて、しゃがんで待つ。三十分、一時間……もどってくるはずの兄たちはとっくに家に帰っていることをかすかに予感しながら、ああ、またかあ――、と寂しい思いをする。こんなことが、しょっちゅうだった。だから、ワ、タ、シ、はこういうのが好き、とか、ワタシはこうしたい、とか主張したことがなかった。うすらぼんやりとした、意志薄弱な子どもだった――。

小学校五年の時の夏休み。当時、鹿児島に住んでいて、東京の大学に行っている長兄が、友達をつれて帰ってきた。久しぶりに会う十歳年上の兄は、表情が大人びてみえ、服装も洒落《しゃれ》ていて近よりにくかった。兄のほうも久しぶりなのでテレているのか、なかなか口をきいてくれない。夕食がすんで、翌日は桜島に泳ぎにいこうと兄弟の話がまとまった頃、ふと兄が、こう言った。

「みどり、オマエの水着、どんなの？ 欲しいのがあれば買ってやるよ」

私は、ドギマギしてうつむいた。そんなことを言ってくれるなんて――。ほんとに、好きなのを言っていいのかな？

毎年買ってもらっていたのは、学校で決められている紺の水着だった。ワタシだって、水玉のやフリルのついたのが欲しいとどこかで思いながら、けっして言わなかった。とくに貧しい家庭ではなかったし、言えば買ってくれるのに、言わなかった。自分を言い張る習慣がないから素直におねだりできない。欲しがれないのだ。

いつまでもうつむいていると、母が、初めて気がついたという顔をして、「そういえば、みどりはどんなのが欲しいの？」と訊く。弟までが、「オネエチャン、欲しいの言ったほうがいいよ」と言う。私はうつむいたまま、身体がボオッと熱くなっていくのを感じていた。

誰でもきっと、初めてのことをする時は、心臓がドキドキして、せつないんだと思う。ながぁーい間があって、私は、声がふるえていることをすこし新鮮に感じながら、「水玉のが欲しい……」

と言った。

この水着事件以来、私はずいぶん変化したと思う。こんな小さなどうでもいいようなことが、私の少女期のターニング・ポイントだった。

だから夏になるときまって、あの夕方のことを思いだす。

今でも時々、自分をうまく伝えられない時、もどかしい時は、耳がボーッと熱くなっていくのを感じたままうつむいてしまうことが、よくある。

（初出一九八五年「夢屋」七・八合併号）

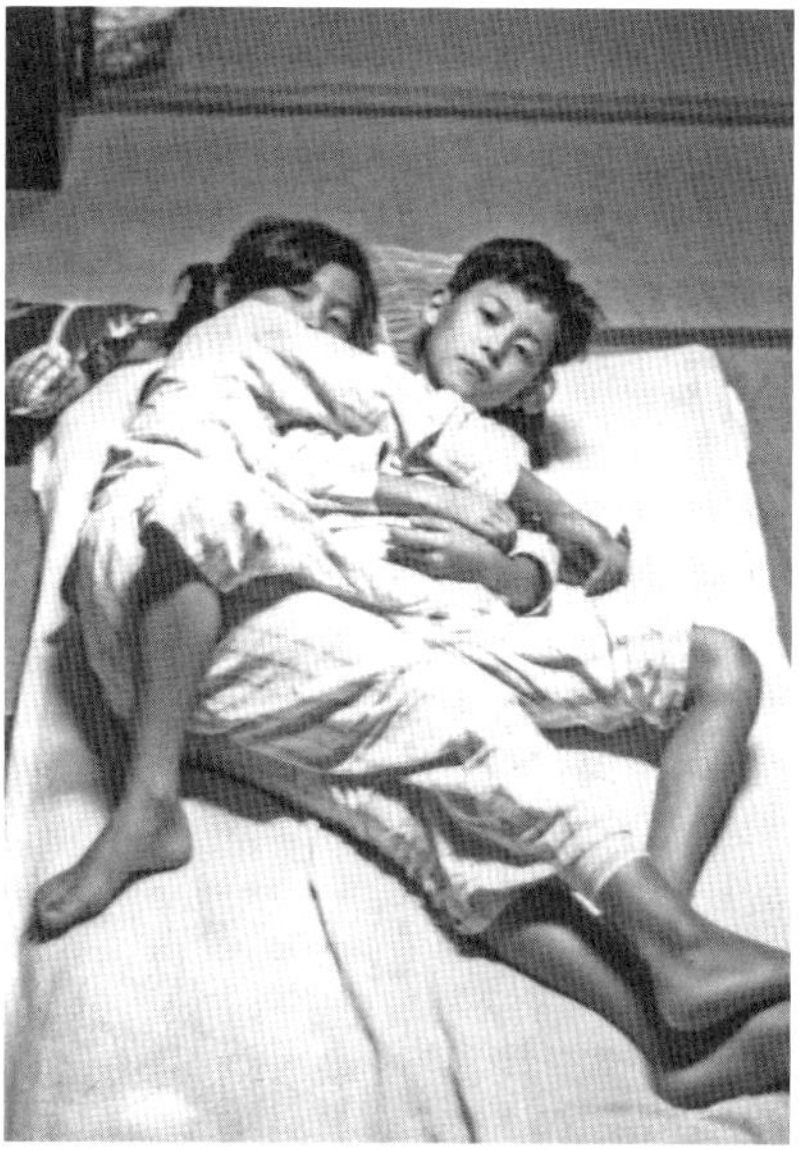

あなたは
どんな子、でした……？

小さなコップに牛乳をついだら、
ドボ・ドボはいってから
ポタリ、と一滴
コップにではなくテーブルに落ちた。
金属テーブルに白い一滴は、
しみていかない。

このところ牛乳ばかり見つめて、
飲んでいる。
日本茶・紅茶・コーヒー・味噌汁・スープ
飲まないものを数えることもない。
飲むのは、牛乳とビール。

身体が不調なのでも
気分が不調なのでもない。
どうも、偏っていたいらしいのだ。

思いだせばキリがないほど、いつだって
つまらないことに偏っている。
ガラスとみれば
とにかく指で触ってみたい、
如雨露《じょうろ》の口から流れでる
水の形が気になって
毎朝・夕、雨が降っても欠かさない
花の水やり。
ノートのはじまで埋めつくす

字の尻とり。
サボテンのとげの刺さり方の研究（？）

三つ年上の兄さんに
「オマエのそばに寄ると、
ボオーッとしている音が聞こえる」
と言われるほど、タリない子だったらしい。
小学校、中学校、高校
中途でやめてしまった十六歳まで、
ひとりきりの自分と
みんなの中の自分、
その落差を調節することがヘタだから
はぐれた気持ちで不安ばかり。
それでもあちらをぶつけ、
こちらをこすりといった具合に
痛い思いをしながら、

すこしずつ、
すこしずつ他人《ヒト》に慣れていった。

自分のことを棚にあげて、
アナタ気持ち悪いとか
アナタ、嫌いなどとは言えない分
そんなの嫌《イヤ》ァーと叫ばないかわりに、
偏っていたいのかもしれない。
こんなつまらないことでも、
この私にはちょっと大事、
だったりするのです。

また始まったのかと気味悪がられたり
呆れられたりはするものの、
迷惑ではないから
身近な人も許してくれる。

タリない、ボオーッとしている私も、
いつのまにか
イッパシ顔で大人をやっていて
ときには知的などと言われて笑ってしまう。
ここ数カ月は、
牛乳と玄米とヴィクター・ラズロ。
ほーんとに、ほーんとに飽きないの。

（初出　一九八九年『指差し確認』）

大切にしようっと……

自分が自分をみつめる時間

前に読んだことのある英語の詩で、

「私はあなたのために生まれてきたのではありません。あなたは私のために生まれてきたのではありません。私は私で、あなたはあなたです。でも、もし、私とあなたが出会い、愛することができるなら、これほど素敵なことはありません――」

というような意味の詩があって、私はこれを、今も、とても気にいっている。私は私で、あなたはあなたです。と、開き直りや攻撃でなく、ごく素直に他人《ヒト》を感じとってゆくこと。そのためにはやはり、〝ひとりの時間〟を誰かに譲ってばかりもいられない。

ひとりの時間をいくつもいくつも重ねていってやっと、ほんとの〝一人《ひとり》〟になれるのかもしれない。

大切にしようっと……。

大切にしなくては……。

気どってはいられない。トイレやお風呂だけでなく、ベッドの中での眠るまでの時間、朝の鏡の前での身づくろいの数分、地下鉄やバスの中での時間だって、立派にひとりの時間なのだ。

大切にしなくては。

まわりにどんな人がどれほどいようがお構いなしで、自分自身まるだしの自己愛の強すぎる図々しい恥知らずならともかく、私たちはいつも、まわりとのバランスの中で微妙に自分を調節して暮らしているのだから、大変だ。この大変はほんとに、たいへんなのだ。時々、この大変さにガンジガラメになってもがき、苦しみ、そのはずみでヒョイと手首を切ったり、自分じゃないヒトを切ったりもしてしまう人がいるくらい、ほんとに大変なのだ。

だから、ひとりの時間、他人《ヒト》と自分を区別する時間、他の誰でもない自分自身を確認する時間を大切に大切にしなければ……。だって一日は二十四時間。どんな謙虚なヒトにだって、どんなに投げやりなヒトにだって、等しく一日は二十四時間なのだから、まるごとの自分でいられるひとりの時間は心して過ごさないと、いつのまにか、時間と時間のあいだのノ、リ、シ、ロみたいなものになってしまう。

耳も目もアタマもココロも、何にも譲らないで傾けないで、自分自身のウチなるものに向かって過ごす自分との時間。それがたとえ数分のものでも、あの、はるかなる〝悠久の時の流れ〟に連なっていくように感じられる。


（初出 一九八八年「家庭画報」二月号）

お試しください　とっておきのひとり言

ひとり言のお話です。

ぶつぶつ・ぶつぶつ……。つい、口をついてでてしまうひとり言。誰に言うでもなく言っているひとり言。

言ってしまった言葉は言わなかった言葉と違って、誰かに聞かれ、あるいはその場にあるモノたちに吸収され、そしてなにより自分の耳に聞こえてしまう。ひとり言には、それなりの効力があります。私はいつの頃からか、ひとり言となじむようになりました。今日はあなたにだけ、その秘密のとっておきを話しちゃいましょう。


ハジマッタモノハカナラズオワル。

なんだつまらないなどと侮《あなど》ってはいけません。これは、ありがたい言葉なのです。始まったものは必ず終わる。当たり前ではございますが、たとえば、やけにヒス気味な今日の夫。なにかしらイチャモンばかりでケンカ腰。こんな時、この言葉を口の中でころがしていれば、アラ不思議、いつのまにやらヒスは嵐にならずにすんだ、なぁんて具合。だってホントですもの。始まったものは必ず、終わります。

ツカレタトキノオテアライ。

気持ちも身体も芯まで疲れてしまいそうになった時、これをぶつぶつ言って手を洗う。お手洗いで、ゆっくり用を足すのもいいかもしれませんが、私は手を洗います。両手がすっきりすると気持ちもさっぱりします。


サンベンマワッテワン。

これは誰にも秘密の極上のひとり言です。なんだか憂鬱・悲しい・孤独・虚しいなどなど気分が曇りがちな時にこれを、ぶつぶつ・ぶつぶつ。そんなくだらない！　などと怒らず、とにかく言ってみるのです。サンベンマワッテワン。バカバカしい？　そうバカバカしいと笑ってもいいからもう一度。サンベンマワッテ……。アハハ、そうそう、もっと大きな声で。サンベンマワッテ……。徐々にエンジンがかかって、気持ちが動きはじめたでしょ？　もひとつついでに、サンベンマワッテワン！　吠えちゃいましょ。ほーら、気分がむくむくしてこない？　ワンはワン！　でもワン・ワン！でもキャイン！　ウワワァアーン!!!　でもご自由。お好きなのでどうぞ。

嫌なことがあったり、つらいことを抱えこんでいる時など、私はこれを使っています。顔を洗いながら、着替えながら、靴を履きながら、そして最後にドアの前で、サンベンマワッテ、ワン!!うまく吠えられたら、しめたもの。ワンワン気分で出かければ、いいことがあなためがけて向こうから歩いてきます。これはほんと、です。


（初出 一九八八年「家庭画報」七月号）

遊びと仕事は
くっついていたり
重なったりしていてほしい

「天才・たけしの元気が出るテレビ !!」に
1985年4月～92年2月レギュラー出演。

喫茶店に呼びだされて、叱られた。

「遊びできてもらっちゃ困るんだよ！　かりに、もしキミがそんな気分で仕事をしているとしても、取材でそう答えられちゃ困るの！　ここはＮＨＫで、朝の連ドラは看板番組なんだから……」

十数年前のことである。朝の連続テレビ小説で主演女優が交替したため、その親友の役で出演していた私のほうが視聴者の方にはより顔なじみということになって、連日、たくさんの取材を受けた。私にしてみれば、デビュー作のＴＢＳの朝ドラ『安べエの海』以来の経験である。

「毎朝、同じ時間に山手線の原宿でおりて、代々木公園をぬけて局まで歩いて、髪にゆっくりこてをあてて結ってもらって、古い着物を着て、昭和初期の女《ひと》になっていろんな俳優さんと芝居をする……。毎日毎日、遊んでるような気分で、最高です……」

こんなことを喋ったら、そんな記事がでて、それを読んだ広報のエライ人に呼びだされて、叱られた。喫茶店で、目の前で怒っている広報の男性に謝ったのかどうか、もう忘れてしまったが、今も、あの頃とちっとも変わらない。同じように思っている。

遊びと仕事は、くっついていたり重なったりしていていてほしいと思っている。

仕事は仕事なのだからガマンするもの・ガンバルものというのでは息苦しい。息苦しいことはつらいから、つづかない。つづかないことは、やめたほうがいい。

それに、ガマンやガンバリは遊びより良いことでも上等でもない。ほんとに遊ぶのは上等な仕事をするのと同じくらい難しいし、才能や努力がいる、と思う。

だから、このごろの私はますます、頑張ったりしないことにしている。嫌なことをガマンして耐えるより、嫌なことをどうやったら楽しめるか、探ることにしている。楽しめる方法が見つからなかったら、さっさと見切りをつけて、方向転換してしまう。

大袈裟な言い方だけれど、お国のためや、会社のため、誰それさんのために……働いたりしないほうがいい。自分のため、それでいい。まず、自分が豊かで楽しいものに向かっていれば、まわりの人も気分がいいはずだ。

それにしても、どんなものからも楽しさを引き出せる感性や才能。これは、お金で買えない。これだけは、どうも、ガマン・ガンバリ・努力も必要のようです、ね？（初出一九八九年『指差し確認』）

飽きずに見惚れて……
この着物は　生きている

着物が届いた。

京都にお住まいの染織家・志村ふくみさんの着物である。宅急便の包みを開けると、白い手漉き畳《たとう》紙に藤壺・志村ふくみと書いてある。すらりとした美しい文字。作品名と作者の名前入りの着物を我が物とするのは、初めてである。

「うわあ……、いい！」

「すばらしく、いい」

「きれい！」

「なんて見事なこと！」

「頼んでよかった」

「待つだけのことはある」

次から次へと感嘆の声が出た。

確かにずいぶん待ったのだ。約一年。それに、店で品物を見て買うのと違って、作者に直接「こんな感じのを……」と注文するのは、メニュウのない食べ物屋で「何かおいしいものを……」と注文するのと同じで、仕上がりも値段もお任せスタイルだから、どんなのができてくるのか不安がないわけではない。もちろん、作品が好きだから、作者への尊敬や信頼があるからこそ注文するのだが、でも、いったいどんなのが……という不安が期待と一緒にある。そこにまた、独特の楽しみがあるのだ。

私の着物・藤壺は期待以上に素晴らしく惚れぼれとする美しさだ。

命ある生き物にはすべて陰・陽、裏・表があるようにこの着物にも、清楚であでやか・寂しげで豪華・はかなくて力強いというふうに矛盾する魅力が自然に同居している。まるでこの着物は、生きているようだ。

そう、志村ふくみさんの着物はどれも皆、生きている。写真集でいつまでも飽きずに見惚れていた着物も、京都・嵯峨のお宅で見せていただいた十数枚の着物もみんな、生きていた。

桜・茜・藍・柿・梔子《くちなし》……。

天然・自然の植物を染料に染め・紡ぎ・織る志村さんの着物には、その植物の精が宿って漂っている。だからその美しさは言いようもなく、生きている。

こうして私はまたひとつ、日本人に生まれたことを深く味わえる美しく愉しいモノを手に入れた。うれしい。うれしい。

お茶を習いはじめたことを具体的なきっかけとして〝昔からあるモノ〟の美しさに気づいた私は、すこしずつ、すこしずつ学ぶことにしている。

着物・帯・帯揚げ・帯止め・帯〆・足袋・羽織・履物・ショール・着付け・座り方・立ち方・お辞儀の仕方・歩き方・それに喋り方・声のだし方・喋る内容・その中身……。数えあげたらキリがない。美しく愉しいモノは数かぎりなくある。そしてその味わいは、実に深い。学んでも学んでも、追いかけても追いかけても〝ここまで〟がない。ここが折り返し点・ここが最終地点というのがないのだ。それに、高価なモノも無料のモノもあり、買えるモノと買えないモノがある。

ゆっくりでいい。朝がいつのまにか昼になり、黄昏になり夜になるように、ゆっくり・ゆっくり学びたい。写真展や作品展・美術館にも足を運び、歌舞伎・文楽・能・狂言をもっともっと観たい。脱いだ羽織を後ろ手でいつのまにかたたんでしまうあのコツを、どことなく私らしいような着付けのコツを、しなやかな身のこなしを、身につけたい。

年を経るのが、愉しくなってきた。

（初出一九八九年「いきいき中部」二月号）

あの世とこの世のお散歩

唐突ですが、
ロシアの
ロマノフ王朝最後の皇帝の
知恵袋だったという哲学者、
サドゥー伯爵という人のこと
ご存知でしょうか？

身長・一八〇《センチ》くらい
恰幅のいい体軀
白髪の長髪
長い顎《あご》ひげもまっ白
アハアハと笑うと
肩も背中もアハアハと上下にゆれ
たるんとした二重顎の顔の中で
目だけはキリッとまっ黒——
サドゥーさんについて私の知っているのは
たったこれだけです。
で、もっともっと知りたいのです。

なにを、どんなふうに考え、
どんな生涯をおくった人なのか。

というのが、このサドゥーさん、
私の守護霊なのだそうです。
私が十九の時から八十歳になるまで
守護霊として、
守ってくださるそうなのです。
このことを
フカミさんという人から聞いた時

まさにその時から、
頭のうしろあたりに
い、い、ある気配を感じています。
朝目覚めて
夜眠るまでの時間の中で、
幾度も
その気配を感じるような
気がしているのです。

心もち両手をひろげ、
ゆっくり呼吸している
穏やかな、ぬくもり。
小春びよりのお陽さまに
くるまっているような
からだが芯からホッとする
私の背後に漂う、そんな気配……。

どこから割りだされてきたのか、
なんの脈絡のもとにサドゥーさんなのか
知りたいとは思いませんけれど、
サドゥーさんその人については
知りたいことだらけです。

なにかご存知でしたら、教えてください。

このごろの私は、
前世とか
輪廻とか
この世とあの世
そんなものに襲われています。
隣りでは
猫が呆れた顔をして見つめています。

（初出 一九八九年『指差し確認』）

偶然にも誕生日が同じ9月25日の愛猫ジャムと。

森茉莉さんが、亡くなった。

84歳のひとり暮らしだったことと、家政婦さんがみつけた時すでに、死後2日たっていたことなどから、新聞は、

〝森茉莉さん、孤独な死〟

〝森茉莉さん、ひっそり死〟

などと書いていた。

まるで〝不幸な死に方〟のような記事。いったい、その人が幸福だったか不幸だったかなんて誰にわかるというのかしら。

5年ほど前、茉莉さんにお会いしたことがある。下北沢の彼女のお部屋に、紹介してくれた男性と2人でお邪魔したのだった。

20〜30分で失礼する予定が、あれこれゆっくりお話しになるのを、こちらもゆっくり聞いているうちに、あっという間に4、5時間たち、ついに、一緒に晩ごはんということになった。

「近所に上等においしいお店があるから」と誘われて行ったのが、何のヘンテツもないつまらないスナックだったのには呆れたけど、茉莉さんはよく喋ってくださって、そのいちいちを今もよく覚えている。

昔の巴里《パリ》の話・お父さまのこと・猫のこと……。あれとこれとが、現在と過去とが前後気ままに、優雅に乱れながらの茉莉さんのお喋り。

あの時、サインをいただこうと本を持参していたのに、なんだか恥ずかしくて言いだせなかった。

中2の夏に『私の美の世界』という本を読んで以来の森茉莉ファンの私としては、やっぱりあの時、おねだりしとけばよかった――、と今ごろ悔んだりしている。

茉莉さんの亡くなり方は、私の理想にちかい。


(初出 一九八七年「Avenue」九月号)

お線香がゆらぁりゆらり
亡きヒトと私の見えない遊園地

唱導院唯譽寶翁居士。順信院木譽智誓大姉。

一度も会ったことのない母方のご先祖さまのお墓。自分が死んだら途絶えてしまう、とこのお墓のことを長年気にしている母に、なかば強制的に連れられてやってきた、四国・八幡浜市。瀬戸内海に面した小高い丘。寒風の中、墓石ひとつひとつに水をかけ、米粒をおいてお線香に火をつけながら、母はブツブツ言っている。

「やっと来ましたよ」「ほんとに長いことすみませんでした」「これが娘です」

小さな声が泣いている。

母は、生後すぐその父をなくし、母親も十二歳でなくしている。私の亡き父も母親が三人もいたという複雑さだったし、早い話、私には本ものの、血のつながったおじいちゃん・おばあちゃんがいなかった。

それに、引っ越しが多かったせいもあって、遠くの親戚より近くの他人というつきあいの多い家庭で育ってきた。ふるさともないし、幼友達も極端に少ない。でも、そんなもんだと思っていた。

ところが、である。ここには、いる。血のつながったヒトが大勢いる。なかには、私自身が姿・格好も気質もそっくり受け継いだような似た女《ひと》もいるはずだ。そう考えたら、なんだかうれしいような恥ずかしいような気分になってニヤニヤしてしまった。このニヤニヤはなかなかおさまってくれない。マイッタナァ……とテレていたら、並んだお線香が一斉にゆらりと動いた。私は、お墓の下のみんなもニヤニヤしたんだなと思った。

マァマァ、この娘《こ》がワタシの孫？　エエッ、この娘がワタシの姪なの？　アラアラ……。オヤオヤ……。にぎやかだ。風が強くなったのか、お線香の煙がゆらぁりゆらり。私はここで、亡きヒトと私の見えない遊園地をつくった。これからはいつでも、遊びにいける。

（初出　一九八六年「サンデー毎日」三月一六日号）

医者・看護婦・患者……
病院のシステムは　誰のためですか

キリキリお腹《なか》が痛くて、目が覚めた。両手でお腹をあたためたりさすったりして、三十分、一時間。ちっとも、おさまらない。あー、どうしよう……。

私は、病院が大嫌いだ。一昨年、所沢市にある防衛医大で父を亡くしてからは、異常なほど、嫌いだ。心臓がポンコツになっていた父は、近くでいちばん立派なあの病院に入院した。そして、ある朝、頭が割れた。八時間もかかる脳外科手術をうけ、意識のないまま八日間生き、九日目に亡くなった。病院内の事故死。事故死だと、検視がはいる。警察で調書をとられる。母も私も、突然の、夫の死父の死。ただでさえ気が動転しているのに、遺体にさわることも、同室することさえ許されず、何時間も、事実をはっきりさせるための事後処理にふりまわされ、笑ってしまうほど悲しかった。怒りと悲しみがジリジリするばかりで、つらかった。それでも、担当の看護婦さんや医師を怨む気持ちにはならなかった。誰にだってミスや手抜きはある。他人を責められる自分ではない。けれど……。

けれど、システムは許せない。病院の、特に巨大な病院のシステム、これはいったい誰のためなのだろう？　患者のためのシステムではなさそうだ。看護婦さんのため？　医師のため？　いや、システムのためのシステム。これがいけない、と私は思う。十人くらいの人間の集まりであれば、おのおののその日の調子、機嫌がそれとなく伝わるけれど、百人、二百人となると、そうはいかない。だから、システム・決まりが必要となる。そして、誰のためでもないシステムが予想外の力で患者に迫ってしまう。

二十四時間看護という立派で複雑なシステムのエア・ポケットに落ちたかのように、父は転倒した。それが死とつながってしまった。だから、誰の責任でもないとわかってはいる。

「誰の責任？　と言うつもりはありませんが」と前置きして、最終的に病院を去る時、私は大きな声で泣いてしまった。「病院にとってはたくさんいる患者の一人でしょうが、母や私たち家族にとっては大事な・大事な人だったのです。たった一人の、かけがえのない父だったのです……」

もうしばらくは、病院に行く気になれそうもない。それにしても、キリキリ・キリキリ、お腹が痛い痛い。あー、どうしよう……。

（初出一九八六年「サンデー毎日」九月二一日号）

旅立ちと涙が切り離せない

父亡き後のおまじない電話

「アタシです。今、成田。これから、でかけます。帰ったら電話するわネ」

外国にでかける時にはいつも、していた家への電話。おまじない電話。

父と母が、

「気をつけて行ってらっしゃい」と、言ってくれる。この言葉を聞いてからでないと、飛行機に乗る気がしないのだ。妙なことに、両親の声を聞くと、これから始まる旅が何ごともなく無事にすむ気がして、身体全体がホッとする。外国で起こるらしいさまざまな不幸。変なオトコに囲まれておどかされた、ロマに置き引きされた、といったよく聞くアクシデントが、なぜか私だけには起こらない、そんな気分になれて安心して旅立てるのだった。

荷づくりのとき、旅先で読む本を選ぶのに苦労した。

今年の四月末、父が亡くなった。

さして仲のよい家族でもなかったし、父と優しい会話をした覚えもない。でも、いて当たり前だった父の不在を感じる時、想像以上の悲しみが私のなかに溢れてしまう。

先日、成田からいつものおまじない電話をいれた時。

「アタシです。今から、行ってきます」

母は、いつものように、

「気をつけて行ってらっしゃい」と答える。でも、その後がつづかなかった。

「お父さん、いる？」

「うん、かわろうか？　お父さぁーん、みどりですよ。ホラ急いで、急いで。今、成田だって……」

母も私も、つづけられない会話をふとしそうになって、口ごもってしまった。

父は、もう、いないのだ——。

「じゃ、行ってくるわネ」

「うん、うん、気をつけて……」

受話器を置くと、涙がこぼれた。きっと、母も同じことだろう。

もうしばらくは、旅立ちと涙が切り離せそうにない。

（初出一九八九年『指差し確認』）

ゴミ松の引っ越し

遊びにいくからよろしくネ!!

雑誌の撮影中に白ワインを飲んで。

ゴミ松が引っ越してきた。私のアパートから歩いて二分の、ご近所に。二分の近さならスープの冷めない距離といえるから、これからのおつきあいは楽しくなりそうだ。

ゴミ松さんは、大正八年生まれ六十八歳のオバアサン。生まれて十カ月で父を喪《うしな》い、小学五年生の時に溺愛してくれた母をも喪い、親戚の離れで育てられた。万葉集・文楽・古裂《こぎ》れで拵《こしら》えた手製の人形を友に、寂しい少女期を過ごす。十九歳で結婚。次々と出産し五人の子どもを育てる。のびのびとした自由な家庭をつくる才能と努力は少女時代の寂しさがバネになったのか、力強いものだった。性格・感性の全く異なるご主人との暮らしはけっして豊かなものではなかったが、結婚当時、外語大卒の立派な青年が条件のよくない自分をもらってくれた、アノヒトはいくらでも選べたのにこの私をもらってくれた、この一点の恩義だけでその後の味気ない四十数年を頑張ったらしい。〝古いおんな〟である。そのご主人を四年前に亡くし、現在は未亡人。

どの子にもお手製の洋服を着せ、帽子まで拵え、料理上手で、いつも家をきれいにしていた彼女が数年前、突然、変身した。

残り少ない人生、自分の好きなことをしたい!!

それから始めたものが、革手芸・日本舞踊・油絵・洋蘭栽培・水泳・外国旅行。宣言したとおり、すべてに熱中。熱中するあまり、時を忘れてそこらでゴロ寝の毎日がつづく。かたづけはあたし好きじゃないのと散らかし放題。あの家がこんなに!! と誰もが仰天するほどの大変化。八部屋もある家なのに、訪ねていっても座る場所すらないほど、それは見事な散らかしよう。呆れた息子が〝ゴミ松〟と呼んだのがいたく気にいったらしく、今では自ら〝ゴミ松です〟と名乗っているほどだ。引っ越した家には、なんと、〝ひょうたんゴミ松〟と書いた表札を掲げている。

私は、これから先のゴミ松とのおつきあいを想うと涙がこぼれてくる。

初めてのひとり暮らしが、自由でのびやかなものになりますように。豊かな老後でありますように。ネッ、……母さん。そォ、お母さん。ちょくちょく遊びにいくから座る場所くらいつくっといてョ。ゴミ松さん、そこんとこ、よろしく!!

（初出 一九八八年「中洲通信」二月二五日号）

寂しがりやのギャルたちは……

エーと、エーと……
背は一七〇センチ以上でェ
やさしくてェ
スポーツマンでェ
オモシロい人。

日曜夜放送の『天才・たけしの元気が出るテレビ!!』の新企画
〝寂しがりやのギャル・BF募集中〟
地方出身で、
東京に住みはじめてまだ日の浅い
寂しいひとり暮らしの女の子に
B・F《ボーイフレンド》を紹介しようというこの企画の中で、
女の子たちが希望を言っている。

包容力があってェ
足が長くてェ
車とバイクを持っててェ
少年の心を持った人でェ——
エンエンとつづく勝手な希望を聞いていて
私もいつのまにか、
自分の希望を想いうかべている。

匂いのいい人
言葉の通じない人
もたれかかりたくなる人

そう、私も、寂しがりやのギャル⁉
「ネェ、今度、デートしようョ」
いきなり私の右手を摑み、

そのオトコは言った。
思いがけない人の思いがけない行動。
仕事先の、
人だらけのスタジオの片すみで
そこだけ、空気がはりつめる。
オトコは目をそらさず、手に力をこめる。
「いい・けど……」
言いながら手をひいてみる。
「い・つ?」
オトコはさらに力をこめる。
「いつっていっても、
あたし、忙しいし……」
ゴニョゴニョうつむいて言って、
オトコの両手から右手を、スルリと逃がす。

それにしても、
思いがけないことをするオトコだわ、
この人。

視線をあわさないまま、
「じゃあ……」
動きだした私の背に
「電話・してもいい?」
いつもと違うオトコの声が、
背中にはりついた。

ナンのためにそんなに仕事するの?
他人からもそう言われ、
自身もそう感じている。
この忙しすぎる毎日のなかで、ふと、
誰かの陰に、もぐりこみたくなる時がある。

でも、
あのオトコとは言葉が通じてしまう……

(初出 一九八九年『指差し確認』)

陽だまりに防御《ガード》本能がとけてゆく……

あたたかい陽光《ひかり》のなかで、思いっきり伸びをした。ウウウウムムムム……。軽く振った両手を右に左に、そして頭の上へ。肩も背中も胸もお尻も、両手首の先の先まで伸ばしてウウウウムムムム……。

気持ちよーく、目が醒めた。そう、あったかい。起きて、ブラインドをスルスル巻きあげると、陽光があふれかえって、まぶしいほどだ。

しばらく、座っていた。

ポツポツ思いだしてみると、こんなにあふれる陽ざしのなかで、目を醒ましたのは、ほんとにしばらくぶりだと気がついた。

都心のマンションで、なにより仕事優先の暮らしを選んだ部屋は完全な北向きで、陽ざしとはまったく無縁だった。それで良し、としていた。どこへ行って何時に帰るのかまったく不定のその日暮らしには、機能優先便利さ大事とばかりに、北向きの部屋を契約したのだった。長時間家にいる場合の居心地の良さなど不要と、あっさりあきらめていた。

でも、こうして陽だまりのなかに座っていると、気持ちがいい。心の気持ちも身体の気持ちも、うれしがっている。

そして、私のなかで何かがとけてゆく。多分それは、これまでの頑張りや頑なさ、他人《ヒト》に対する過剰なほどの防御本能《ガード》。そんな、いつのまにか体内につくりあげていた金属的な骨組みが、この柔らかい陽ざしにとけてゆく。摑みどころのない実体のわからないあたたかさが、私を包んで丸めこむ。やさしく、やさしく。

不意に、涙がこぼれた。

この、なんでもない朝の日なたぼっこが、人生の境界線になりそうだ。

私の今までと、私のこれから。

今までの私と、これからの私……。

つい先日、私は、結婚届けを出した。

再婚。相手も再婚。

私の職業が女優で〝芸能人〟でもあることから、いろんな記事を書かれ、特に女性週刊誌のその独特の表現《いいまわし》にはずいぶん悔しい思いもし、げんなりもした。けれど、人の噂も七十五日。いやいや、七十五日ももちはしないと、じっと黙っていた。大切なのはふたりのこれからなのだから。

そして、もっと大切なことは、この陽ざしを忘れないことだ。無条件に、惜しみなく、やさしくあふれるこのあたたかさ。たったこれだけのものが、どれほど大事なことを教えてくれることか。たったこれだけのもので、どれだけ幸福でいられることか……。

穏やかにのんびり日なたぼっこをしてやさしい力が体の芯に少しずつ溜まってゆくのを感じている、このひと時。

陽だまりは、いいものだ。赤ちゃんや老人たちは、それをよく知っている。

（初出一九八九年「マダム」二月号）

そのヒトの小さな命《リズム》が誘う太古の眠り

私のなかに宿った小さな命が私を眠りに誘っている、そう気づいてからは眠ることにしています。たとえそれが、昼であろうと朝であろうと。

横になって目を閉じる。それまで見えていた一切《いっさい》が、見えなくなる。部屋の明かり・窓・窓外の景色・ベッドカバーの色・壁の模様。そんな残像が脳のスクリーンから消えてゆく。ゆっくり暗闇に溶けて、消えてゆく。

トッ・トッ・トッ・トッ。

かわりに音が浮かびあがる。トッ・トッ・トッ・トッ。たしかに始まっている命のリズム。この鼓動が私のなかで、私のではない別の肉体をつくっている。現在一九八グラムだというそのヒトの心臓とアタシの心臓が、トッ・トッ・トッ・トッ同じように脈うって、ひとつの精神のもとにふたつの肉体になろうとしている。

極小の微生物からサカナ・捕乳類・サル・ニンゲンと進化した、太古の昔の十万年の進化が、私の体内で十月十日《トツキトウカ》で成されているのだ。この膨大で深遠な事実の前では「アタシ」という自意識など、実に小《ち》っぽけだ。

けれど……。太古の眠りを眠りながら、小っぽけながらの「アタシ」は意志を持とうと思う。私より三十八年分新しく生まれるはずの「そのヒト」の今をリードしているのは「アタシ」なのだから。母と子という運命的な関係になろうとしている「そのヒト」と「アタシ」。現実に誕生する日がほんとのハッピー・バースディになるよう祈りをこめて、見たり聴いたり・読んだり喋ったり・食べたり飲んだり、そして、眠りたいだけ眠ることにしましょう。

こうして胎内の命と向かいあっていると、現実のいろいろがすこし生彩を失います。それは、たしかです。でも、この身におこっている変化のスゴさに開き直ったりしたくはありません。「産んでみなきゃわからないこと」があって「産まなきゃ一人前の女じゃない」とは思わないからです。

ここしばらくは、妊婦がひょこひょこしたのでは興醒めなBARとかPARTYはご遠慮して、やさしい陽だまりのなかでウツラウツラしていることにいたします。

キャハハハ、太古の眠りを眠るのは、気持ちいいよぉー。


（初出 一九八九年「中洲通信」二月二五日号）

胎内のヒトとのやさしい時間〝朝日の、あ〟

〝朝日の、あ〟をやるために、毎朝八時に起きています。それは十日ほど前から始めた、私の胎内のヒトとのやさしいひと時なのです。

まず、ロール・ブラインドをスルスルと巻きあげ、朝の光を部屋いっぱいにします。暖房をつけ、洗面・着替えを済ませ、やさしい曲ばかりのCDをかけたら、窓よりの陽だまりのなかに座り、裸になります。といっても全身ではなく、腰中心に一部分、膨らみはじめた下腹部に、朝の陽光をたっぷりと浴びるのです。

〝はじめに光ありき〟って、本当ですね。

そのヒト、まだ人とは呼べぬ五カ月のそのヒトは、私の体内の胎内の胎盤の中の羊水の中。ほとんどまっ暗な闇の世界に息づいているのですが、この〝朝日の、あ〟によるはるか彼方からの陽光を、きっと感じてくれていると思うのです。そのヒトの〝はじめに光ありき〟を。

胎児がどの程度、何を感じているのか？　『胎児は見ている』という本によれば、胎生四カ月で眉をしかめたり目を細めたり、顔の表情が変化しているそうです。基本的条件反射はすでに習得しているのです。さらに意識が芽生えるのは胎生七〜八カ月、しかも脳の神経回路は新生児とほぼ変わらないそうです。別に専門的な医学知識に夢中なのでも胎教に熱心なわけでもありません。ただ陽だまりで〝これが朝の光〟とボンヤリ想うだけですが、これがなんとも気持ちいい、うれしいひと時なのです。

　妊娠して初めの不安定な三、四カ月を過ぎると、体の変化に加速度がつくようです。人並み以下にペチャンコだった胸が、母乳をつくる工場としてのおっぱいへと様変わり。出産とその後連綿とつづく重労働の日々に備え、着々と皮下脂肪を蓄えていく。入浴のたび、着替えるたびに鏡に映る我が身を見ては、そのしなやかな変化に感じいってしまいます。驚いたり、呆れたり、笑ってしまったり、この身の抱えたモノの凄さに圧倒されっ放しです。あたしが生きているのではなく、もっと大きな力に生かされているのだなと、素直に思います。

　どうも、妊婦は動物的です。こんなにもたくさんのモノ・情報・価値観に埋もれていても、〝いのち〟に関わるものに以前よりずっと敏感になっています。火・水・風・光・匂い・音・肌触り・温度etc.。それと動く物としての動物全てに敏感です。まるで原始人のように。

　と、こう書いていてアクビがひとつ。涙まで滲ませアクビをよくします。眠っても眠っても、眠いのです。眠りつわり？　そしてこれがまた、気持ちいいのです。控え目にいってもE気持ち。

　こんなふうに原始帰りしながら、気持ちよく暮らしています。ということで、ちょっと失礼して、あちらで横になります。ではまた。

　ウトウトウト、ふわゎわゎわゎぁ（大あくび）

（初出一九八九年「マダム」三月号）

台所にて絹さや相手に過激な空想

「えーっ？　全部やっちゃったの？　なあんだぁ、すこしぐらい残しといてくれればいいのにィ……」

母が私をかるくにらんだ。台所で、である。絹さやのすじ取りのことで、である。私が台所にあった絹さやのすじ取りを終了してしまったので、がっかりしているのだ。

つまらないことが似ていて、母と私はこんな単純作業がとても好きなのです。

絹さやを真ん中においていて、次から次へとすじを取って左におく。すじが手のひらいっぱいになったら右におく。こんな単純作業のくり返しが楽しい。野菜やくだもの相手だと、なお楽しい。

隠元のすじ取り・もやしのひげ取り・銀杏の皮むき・枝豆そら豆グリンピース……etc.。洗ったり剥いたり切れ目をいれたり、そのつど、色や形・匂いなど野菜の表情はどんどん変化する。その

姿は鮮やかで、いじらしく可愛らしい。野菜との穏やかでやさしい、そして、過激な時間。

煮たり蒸したり焼いたり揚げたり、料理の瞬間はそれなりの真剣勝負だからすこし緊張するけれど、下ごしらえの時間は、集中も緊張もいらないから気楽でいい。のんびり、くり返していればそれでいい。ただ、〝ほんのちょっとだけ丁寧に……〟の気持ちで扱えば、野菜たちは逆らったりしない。されるがままに素直で従順だ。そして、素直なモノと向かいあっている時は、いつしかこちらも素直な気分になっていく。これは、小さなことだけれど大きいことだ、と思う。無条件に人を素直にさせてくれるモノなんてそんなにありはしないし、それに、野菜やくだものはその効果を計算したり言い張ったりしない。あるがままだから、こちらもいつしか、あるがままになれる。時には、意識下に封じこめたはずの本能的な欲望のままに、思いきり空想することもできる……。

ずいぶん前、亡くなった俳優の伴淳三郎さんのお宅で〝役者の老後〟についてお喋りしたことがあった。伴淳さんは絵を描くのが上手だし、やっぱりいつまでも撮影現場にいたいから老後はメーキャップ・化粧師になりたいと言ってらした。家族のない伴淳さんは具体的にまじめに計画していて、何年か後にはロサンゼルスに移住してメーキャップのユニオンに入れるよう関係者に頼んだりしてらした。

その時私もつられて、自分の老後を考えた。そして、老後は野菜の係りになりたいと思った。お料理屋さんの台所で野菜の下ごしらえをする係り。洗ったり剝いたり揃えたりの下準備ならオバアサンでも雇ってもらえそうだし、私も野菜相手ならそれなりに楽しい老後を過ごせそう──。

なにしろその頃の私は、〝いい役者になりたい〟とひたすら思っていて〝そのためなら、日常の、人としての幸せな暮らしなど欲しがりません……〟と偏っていたので、結婚とか家庭生活に関心がなかった。

まして、豊かな老後のための保険のような伴侶さがしなどまっぴらだと思っていた。いくつかの、役者として生かされる役とめぐりあえればそれでいい、そう決めていた。そんな、夫なし子なしのひとり暮らしの老後、多少悲惨な晩年のイメージのなかで、どこかの台所で年老いたオバアサンの私が野菜を洗ったりしている、そこだけフワッと明るく、うん、なかなかそれもいいナと思える情景だった。

今、台所にいて、夫の食事の支度をしていたりする予想外のシアワセに感謝しつつも、〝こう展開したのだからなおのこと、いい役者になりたい。きっと、いつの日にか……〟とあらためて心中ひそかに思っている。あきらめてはいない。単純作業をくり返しながら〝生涯の仕事〟を考えたりしている。

若き日の母もその昔、五人の子どもを育てる台所で、絹さやのすじ取りなどしながら、過激な空想を楽しんだのだろうか……。

（初出一九八九年「マダム」四月号）

母の柩に入れた二つのゆで卵

それまで、大きな病気などなにひとつしたことのなかった母が、突然亡くなったのはおととしの秋です。78歳でした。原因は、憩室《けいしつ》（臓器の輪郭外に膨れ出た袋状の構造）内の出血。胃と腸の間にくぼみができ、そこに食べ物がたまってしまうことによって周囲の粘膜を傷つけ、出血が止まらなくなってしまう病気です。

最初に兆候が出たのは、おととしの1月でした。「黒い便が出る」というので、病院に行き検査をして、すぐにその病気が判明したんです。それから2度、入退院を繰り返し、3度目の入院をしなければならなくなったのが11月。それまでの2度の入院のときは、病院から処方された薬で出血を止めることができ、病状も回復したのですが、3度目は、どの薬を使っても出血が止まらなくなってしまったんです。若い方ならそこで手術をすればよくなるのでしょうが、母の場合、年齢が年齢でしたから……。

それと、母は、尊厳死協会に入っていたんです。尊厳死協会に入るということは、「自分の病気が、現代の医学ではどうすることもできない状態になった場合は、医師には痛みを取るための治療のみに集中してもらい、死期を引き延ばすための延命治療は断わります」と、自ら宣言すること。

入るきっかけとなったのは、生前仲良くやっていた主人の母の死だと思います。主人の母は、5年前に心筋梗塞で亡くなっているのですが、2ヵ月間、病院の集中治療室で延命治療を受けた後、この世を去っていきました。その姿を目の当たりにして、「自分が死に直面したときは、どうあるべきか」ということを母なりに真剣に考えた結果なのでしょう。私たち家族も悩んだ末、そんな母の意志を尊重したい……と決めました。

じつは、私と母と娘の3人で、アメリカへ旅行に行こうと前々から計画していたんです。出発予定日は、くしくも3度目の入院をしたその日。

ですから、もちろん旅行はキャンセル。母と旅を楽しむつもりでスケジュールをあけていたので、入院中、私はずっと母の看病に専念することができました。

そして、3度目の入院生活9日目、私の目の前で、母は息を引き取りました。あっという間に天国へ行ってしまった母ですが、ずっとそばにいることができただけに、自分のもっとも身近な人が死んでいく過程を、すべて見せてもらえたのでした。

「愛憎なかば」の母子関係

生前の母と私は、「愛憎なかば」の関係。母は、ひと言でいうと、ハチャメチャな人でしたね（笑）。とにかくちらかし魔で、家にはいつもモノが溢れてグジャグジャな状態でした。「この前しまったあれ、どこにいったかしら」なんてしょっちゅう物を探し回っていて。そうかと思うと急に、「この部屋、なんだか暑いわね」と言いながら服を脱いだり着たり。いつも忙しいんです。

ふたりで話をしていると、「今日はみどりといい話ができたから、お月さまがこんなにきれいに輝いてくれているね」なんて、突然突拍子もないことを言うこともよくありました。

また、笑っちゃう話があって、母が自転車でスーパーに買い物に出かけたとき、出先で急に雨に降られてしまったんです。あいにくコートや傘を持っていなかった母がそこでなにをしたか。スーパーで大きな茶色の紙袋を1枚買って、丸い穴をふたつ開け、それを頭からかぶって、自転車に乗って平然と帰ってきたわけ。近所の人とすれ違うたびに袋をかぶったままの姿で「こんにちは」なんて挨拶してね、みんなビックリしていたようですよ。

とにかく、どこに行くときもだれと会うときも、いつも〝裸んぼうの自分〟という感じの母でした。5人兄弟の中で、ただひとりの女の子だった私を大事に育ててくれ、いっしょにいて楽しく思うことも多かったけれど、幸か不幸か、私は母と正反対の性格。「いつもきちんとしていないと気がすまない」性分だったので、物心ついたときから、母のこのような〝ハチャメチャさ〟をすべて受け入れることはできませんでした。子供心に、母の言動を見て「この人はこれでいいかもしれないけど、私はイヤだわ」なんて冷静に思ったこともありますから。

そんなわけで、ケンカはしょっちゅう。始まると、とどまるところを知らないんです。母に向かって「人前でそんなことやめなさいよ」から始まって、最後には「一生許さない！」とか「死んだら呪ってやる！」とか。もちろんいつだって冗談ですけど（笑）。今思うと、お互い、かなり露骨な言い合いをしてました。

母は、波瀾万丈の人生を歩んできた人でもありました。生後わずか10カ月で父親に死なれ、女手ひとつで育ててくれた母親とも10歳で死に別れてしまったんです。そのため親戚のもとで育ち、常に孤独な日々を過ごしていたようです。その後、父と結婚したものの、すぐに戦争が始まって……。外地で生活していたのですが、戦争も終わり、急に日本に引き揚げることになったんです。住む家もなにもない裸一貫の状況のなかで、5人の子どもたちを育てるために日々努力を重ね、言葉では言い表わせないくらいの大変な苦労をしてきたんですよね。

生前、母はよく、「つらいことや悲しいことはたくさんあるけど、そこで泣いたり恨んだりしたら、自分が病気になってしまうのよ」と言っていました。

そして、自分の周りに起こるどんなことをも受け入れて〝笑い〟に変えてしまい、毎日を明るく楽しく過ごしていました。

母のこんな生き方は、幼いころから苦労の多かった、自らの境遇を乗り切るための生活の知恵として、いつの間にか身についてしまったものなのでしょう。

でも、こんな母も、70歳のときに長年連れ添ってきた父に死なれてからは、相当ガタが来たようでした。いつもは元気なのに突然情緒不安定な状態になってしまうこともあって、「ひとりにしておけないな」と思うようになりました。

そのころから、私は母に対して、いままでとは少し違った思いやりを持つようになったのです。私自身が「楽しい」と思うことは、できるだけ母と共有したいと思うようになりました。だから、海外旅行に誘って、いっしょに出かけたりもよくしました。パリ、ロンドン、ニューヨーク、サンフランシスコ……どこに行っても、いつも美術館の前で待ち合わせるの。「じゃ、5時間後に」とか言って別れて、お互い別々の時間を楽しみました。もともと好奇心が旺盛な人なので、旅の連れとしてはとてもよかったですね。

それから、母はたくさん趣味を持っていた人で、ろうけつ染めや絵画などいろいろやっていたのですが、晩年は、俳句や川柳を嗜んでいました。句会にもよく出かけていましたよ。それだけでなく、晩酌で日本酒を飲むようになったり、私の友人を勝手に誘って飲みに行ったり。70をすぎてから、気ままにいろんなことを楽しんでいたようです。

母との別れの日の情景は、いまでもはっきり覚えています。いよいよ病状が悪化し、朦朧とした意識の中で迫り来る死と直面していた母。私はその間中、母の手を握っていました。涙もろくて、流されやすくて、意志が弱いと思ってきた母なのに、最期は凛々しいくらいに強い意志をもって、自ら死を受け入れようとしている。そんな母に向かって私はつい、「お母さん、産んでくれてありがとう」ってつぶやいたんです。そしたら、驚いたことに、寝ていると思った母が、「今何て言ったの、お前」って言うんです。私はドキッとして、「ううん、別に」とごまかしたんですけど、もう一度聞かれて。それで、「産んでくれてありがとう」って、素直に言ったんです。そしたら母も、「ありがとう」って。そして「じゃあ、乾杯しよう」って。私は病室に備え付けのコップにお茶を入れて、母は使っていた吸い飲みで、乾杯しました。

母の最後の言葉は、「卵をちょうだい。卵を2個ちょうだい」というものでした。意味不明のこの言葉は、母が、幼いころに死に別れた母親を思いやっての言葉だったと、亡くなったその晩、気づきました。母が10歳のときに、風邪をこじらせて39歳の若さで死んでいった母親のために、栄養のある卵を天国まで持っていきたいというのが、最後の願いだったのです。10歳の自分に戻って「お母ちゃーん」と言いながら、向こうの世界に走って行っちゃいました。

葬儀の最後の出棺のとき、私はもちろん、柩の中にゆで卵を二つ入れたのでした。

母との別れが教えてくれた

母は、「母と子の関係の醍醐味」を、自分の人生の最後の最後に私に教えてくれたような気がします。

私がいままでしてきた何倍もの苦労をしてきているのに、どんなことがあっても明るく楽しく生きた母。最期は自らの強い意志と勇気をもって、天国に旅立っていった母……。

私の場合、母との関係がすごく濃かったから、亡くなってからしばらくは本当につらかった。荷物がそのまま置かれた母の家、母の死を知らない人から来る母宛の手紙……。

母はとにかくメモ魔で、遺品を整理していると、あちこちから私宛の手紙が出てくるんです。その書き出しがいつもいつも、「かわいいかわいいひとり娘へ」なんです。「母の死」という事実を、こんなふうに日々認めていく作業が、すごくこたえましたね。

でも、時がたつにつれてだんだん気持ちも落ち着いてきて、少しずつ、母のことを客観的に考えることができるようになりました。

母に死なれて初めてわかったことは、たくさんあります。人生で大切なのは、どんな家に住んでいて、どんな地位で、なんてことじゃなくて、自分と日々かかわりあう人とどれだけたくさんの素敵な時間を持てたかとか、自分が困ったときにいっしょになって困ってくれる人がいることに嬉しさを感じたりとか、そんなことなんだと。それから、「やっぱりやりたいと思うことはやろう」「好きな人には好きって言おう」「自分が読みたいものや聞きたいもの、話したいことが人と違っていても、気にする必要はないんだ」など、そんな当たり前のことなんです。

これらはすべて、母が私によく言っていたことです。若いころは、母から聞かされるそんな話がすごくダサく思えて、「またー、人生の話なんてやめてよ」なんて言っていました。でも、母が亡くなり、時が流れて彼女の死を認めることができるようになったいま、これらのことが、自分の中ですべて整理され、理解できたような気がします。

母との別れは、私に「人が人に伝えていくこと」を教えてくれました。

女同士でいろんなことがあって、あれだけお互いの欠点をののしりあってきたのに、「あの人が自分の母でいてくれて幸運だった」と、亡くなって約2年の月日を経たいま、あらためて思います。

私もこれから、母に教えてもらったように、生かされている喜びを基本に、いい加減に生きていきたいと思っています。

構成　長島ともこ

（一九九九年「婦人公論」八月七日号）

第二章　命あるかぎり、できることを精一杯

お気に入りのキャサリン・ハムネットの「核廃絶」ビッグTシャツ。

帽子に自作のワッペンを貼ってデモに参加。

集会前のひととき。何を思う？

集会の司会の前には、入念に下調べを。

「南海トラフ地震が起きる前に浜岡原発を止めたい」と、僕が静岡県知事選に出たのが2001年。そのときは「選挙運動で原発の話をするとみんながシラけるから話さないほうがいい」と、みどりに止められたのですが、それから10年後、東日本大震災で福島第一原発がメルトダウンしたときに初めて、ぽつりと「あなたが言っていたとおりだった」と。

それからみどりは生きかたを完全に変えました。原発を廃絶させるために、命のあるかぎり、自分ができることを精一杯やろうという覚悟ができたのです。「マガジン9」の連載、「小さなラジオ」というWebラジオ局の開設、そこでのさまざまなインタビュー。脱原発集会での司会。「おこりじぞう」(山口勇子・原作　四国五郎・絵)の朗読。さらに子どもの頃から苦手だった絵描きに挑戦した記録『私にも絵が描けた!』の自費出版など。

それらのすべてに滲《にじ》み出てくるものが、みどりの潔い死生観「あかるい死にかた」なのです。 (水野誠一)

マガジン９『木内みどりの「発熱中！」』より

オピニオンWebマガジン「マガジン９（https://maga9.jp）」にて、２０１４年９月〜２０１８年１月まで全46回連載された『木内みどりの「発熱中！」』。２０１１年の福島原発事故以来、がらりと生き方を変えられ、原発を、戦争をなくし、本気で社会を変えるために奔走した日々の貴重な記録です。のちに『またね。木内みどりの「発熱中！」』（岩波書店）として出版されました。熱中した活動の軌跡に関しては、ぜひ全文をお読みください。ここでは、木内さんの死生観がわかる文章を抜粋して掲載します。なお、タイトルは「マガジン９」掲載時のままですので、抜粋部分の内容とは合わない場合もあります。

2014年　9月3日

9月1日はわたしにとって特別な記念日。

誰でもみな、裸で生まれてきて裸で死んでいく、確実に。

なにも持っては行けない、お金も名誉も土地も家も伴侶も子どもも。ひとりで生まれ生きて、ひとりで死んでいく。

だからこそ、原発・核廃絶を目指して生きて在る間に少しは役にたちたい。

2014年 10月15日

震災から3年半――「帰還困難区域」を訪れて

あったはずのものが無い奇妙な静けさの中、絶望、恐怖、憎悪、悲しみの叫び…。阿鼻叫喚が耳の奥底に聴こえてくるようで苦しくなり、ただ立っていることしかできない情けない自分でした。

あちこちに高く積み上げられたフレコンバッグの汚染土。雑草が袋を突き破り雨が溜まり、醜い光景。わたしたちはみな無口になって押し黙り、ただ、見ていることしかできませんでした。

許された制限時間の5時間、たっぷり歩き回って全身に浴びた線量は4マイクロシーベルト。サーベイメータを靴に当てて測った結果、放射性物質は検出されず、とのことでした。

雑草だらけで何もない道と道が交差しているところに小さなお地蔵さんがあり、枯れたお花と缶ビールが置かれてありました。よそ者のわたしには手を合わせる資格もなく、写真を撮ることさえ許されない気がしました。

ただ立ちつくしていて、ふと、世界が原子力発電を卒業するまで、核廃絶できるまでわたしにできることはやっていこう…という想いが溢れてきて、鼻の奥がツンとして涙が溢れてきました。

2014年　12月10日

日本が崩れかかっている

今、平和なこの日本にいて、温かいお日様の中で書いています。が、ちょっと思い出してみると、あの恐ろしい3・11から、自分の体の中で起きた決定的な変化。政府もマスコミも信用できない、自分の人生の手綱は誰にも渡さない、委ねないという決意の元に、原発反対、寄付、署名、デモ、集会、選挙の応援、自分なりにできることをじじり続けてきたけれど、なんの効果もないという絶望感があり、つい最近の、身近な友人・北原みのりさんが不当逮捕されたことで味わった恐怖…。

そして決定打となりそうな衆議院選挙。

自民圧勝とマスコミが煽るけれど、自民が圧勝しては、もう戻れない道へ転がり落ちていく、と敬愛する方々が警告し教えてくれている。

12月14日、目前です。

できることをしていかなければ。

平和な日本が崩れかかっています。

2014年　12月24日

はい、わたし学習魔です。


10日前の自民党圧勝という結果には決定的に打ちのめされました。

政治家は嘘のつき放題、ばれなきゃいいとばかりに愚劣なことが横行、大切なことは報道されず正義がつぶされる…。

こんな世界で子どもを育てていくの？　なぜ？　なぜ、何も変わらないの？

はい、答えはこの本が教えてくれました。

『日本はなぜ、「基地」と「原発」を止められないのか』（矢部宏治著　講談社＋α文庫）

そう、わたしたちのこの国は独立国じゃなかった、米国の属国だった。

憲法より日米地位協定の方が上位にあり、大切なことはすべて日米合同会議が決めているのだった。

この本を、ぜひ、読んでください。

知りたいことが次から次へと、読みたい本が次から次へと、観たい映画、行きたいイベント、行きたいところ、会いたい人が次から次へと。

ある人がわたしのことを「学習魔」と呼び、やさしく笑いました。

はい、たとえ明日死ぬとわかっても行く先に明るい光を見出して、「深い思いをこめて」学習します。だって、昨日知らなかったことも今日も生きて学べば知ることができるのですもの。

人生は生きるに値する。

2015年　2月11日

「表現の不自由展　消されたものたち」

それは、呆れるほど簡単な理由です。誰も、どこも、放送中止になりそうな題材を選ばない…企画しないようになったから…。

「自粛」「自主規制」。

制作する側が自主的に大きな力には逆らわない、長いものに巻かれていくようになってしまった。空気を読んで自粛・自主規制…。

こんな現実を詳しく知って、悲しく、溜め息が漏れてしまいます。

（中略）

今日では誰もが、自分のことだけ、自分の家族のことだけ、自分の任期だけ、自分の利益だけを優先して、他者の苦しみ・悲しみには気がつかなかったフリをして生きている…。力の弱い人やたまたま不運な時を過ごしているひとにも、無関心。そして自分に都合のよい偏見を軸に差別を無意識に繰り返している。

もちろん自分の反省あってこそなのですが、ほんとにこの時代は生きにくい。

「濃い出来事」が、次から次へと起きる。

受け入れがたいことが連続して重なってくる。襲ってくる。

だから、日々、自分にできることをして、できないことはさっさと諦めて、よく眠ること。一回限りのこの人生、誰に褒められなくても誰の目に留まらなくてもいい、これが素敵と思える瞬間を生きていたい、そう思いました。

この稀有な展覧会を企画し、準備し、運営し、総括して後片付けしてくださった方々、みなさんに感謝！です。

ほんとに、すばらしい展覧会でした！

2015年　3月4日

3月はニューデリーで始まりました

犬が吠える騒がしさで目が醒めました。

今、インド、ニューデリーのホテルです。

3匹、いや5匹くらい？　吠え声が重なったり重ならなかったり。雨降りの様子を見ている時や、雲の形を飛行機の窓に顔をぴったりくっつけて覗いている時と同じように、自然の成り行きはとても魅力的です。

リズムや色の調子、その形、トーン、ニュアンス、およそすべてが自然なもので、人間が作ったものではありません。常に先の展開が読めない。今の目の前のすべてが「今の現実」で、それはすぐに「過去の現実」となり、次の瞬間、また、「今の現実」を迎える。この繰り返し。

「犬の遠吠えもそうだな…」。まだまだ暗い窓外の遠くの様子をただ静かに横たわって聴いていています。

こんな時間が大切です。ひとり身を置いてじっとしている、こういう時間が大切です。寄せては返す波の繰り返し、時間の流れを形で見るかのように静かに燃える炎、モーツァルトもバッハも自分の音楽にした雨の音、日が暮れていく時、夜が明けていく時の空。

それは、死んでしまった人を感じさせてもらえる特殊な時間でもあります。母や父、ヤーちゃんノブちゃん、シスター・ヨハンナ、モトキさん…。今を生きてはいるけれど会えないあの人この人…。

懐かしさに、恋しさに、鼻の奥がツンとしてきます。と、遠くから幽かに聴こえてきました。コーラン。時計で確かめた今の時間、am５：29。

そう異国にいるのでした。

２０１５年　３月18日

「核廃絶」したいという思いは繋がっていく…。

またもや英語でスピーチしてしまいました。

ほんとに怖いもの知らずだと自分でも呆れます。「脱原発」「核廃絶」のためなら自分でできることはなんでもやろう、怖がらず恥ずかしがらずと決めてから、心がピタッとブレなくなったので、自然とできてしまいます。

死んじゃった父や母が今の私を見たら、きっと、驚きます。あのぼんやりみどりが、いつもボーッとしてる子がどうしてこうなるの!?　って。

あのね、お父さんお母さん、少しでも役に立つならわたし、何語でも話します。

2015年　4月10日

3月28日の集会、「フクシマを忘れない！さようなら原発大講演会」司会してきました。

いい集会でした。が、問題はまだまだ多々あります。

この集会、年配の参加者ばかりで若い人がいません。20代の人も30代の人も見当たらず学生さんなど皆無です。いつもいつも参加してくださる方々でなく、こういう会場に来ない人々、無関心・無自覚の大多数の人々に来てもらうためにはもっともっと工夫が必要です。仕掛けが必要です。なにより「発熱している」人が必要です。

わたしは単なる司会者ですから、この会の運営になにひとつ義務も権利もありません。次なる集会、5月3日の3万人集会、司会を頼まれ引き受けていますがわたしの想いは乱れています。

本気なのです。今現在、日本列島のどの原子炉も動いていません。冷え切ったままです。このまま二度とスイッチを入れないために自分のできることは何か、何なのか、周りをしっかり把握してしっかりと決めたいと思っています。

だって、人生は一回きり。どなたさまも裸で生まれて死んでいきます。必ず死にます。いつかは焼かれて灰になる。明白なことです。

だからこそおもしろい、生きているこの時間。充分に生きていきましょう。って、なんだか大袈裟な物言いになっていますね（笑）。

今、深夜というか夜明け前のａｍ４：17。

早いフライトでミャンマーに行きます。

2015年　5月27日

人間の鎖

5月3日、横浜の大きな公園で「平和といのちと人権を！　5・3憲法集会」があり、司会をしました。3万3千人を前に進行を任されている緊張感と充足感は独特でした。

大江健三郎さん、澤地久枝さん、落合恵子さん、鎌田慧さん、雨宮処凛さん、香山リカさん、樋口陽一さん。たくさんの方の心に響くスピーチがあり、最後は全員で声を出しました。「憲法を守ろうっ!」「9条を守ろうっ!」「再稼働反対っ!」「子どもを守ろうっ!」「未来を守ろうっ!」「大人が守ろうっ!」 3万3千人の声がひとつになっていきました。ヘリコプターでその様子が空撮された大きな出来事でした。

が、3万3千人です。30万人ではありません。300万人ではありません。バルト三国、3つの国を足した数字よりはるかに多い人口の日本です。もし、300万人が国に対して反対の声をあげたら、もし、3千万人が手を繋いで抗議をしたら…。

リトアニアの政治家は、詩人だったりお医者さんだったりピアニスト、作曲家、トランペットプレイヤーだったりします。みなさん若いし生き生きとしています。国民が心をひとつにして訴え・願い・祈って、勝ちとってきた自由を大切に大切にしています。

私たちの国、日本が壊れ始めているとたくさんの方が警告しています。心で反対と思っていても黙っていたのでは「賛成」なのです。抗議を表明しなければ「賛成」なのです。何かしら行動しなければ「賛成」なのです。

２０１５年　６月10日

工場見学のおすすめ

「ゴミなんてモノはない、すべてが資材なんだ…」と思いました。

ただ、恐ろしいことにも気がつきました。

ここに運ばれてくるのは、40年前のビルとか、30年前の集合住宅とかが解体されたものです。だから、分別を繰り返して「資材」にすることが可能です。が、現在のわたしたちはリサイクル不可能なモノを、自然に還らないモノを作り過ぎました。30年後、40年後、50年後、分別を繰り返してもどうにもならない廃棄物、どうするのでしょうか。

燃えないモノ、溶けないモノ、消えないモノ、分解できないモノ。

いつも同じ結論に辿り着いてしまうのですが、原子力発電なんて無理矢理なものに手を出さないでいたら…。無理矢理な発展や発見を見送っていれば…。

ふうぅと溜め息が出ます。今からでも遅くはない、オリンピック２０２０、中止にならないかしら…。

2015年　6月24日

引きこもりながらも発熱中！

このコラムで何回か書きましたように、2011年3月11日以降、わたしの人生はガラリと変わりました。世界は、社会は、悪に満ちているし、理不尽なこと不条理なとの前では、自分なんて居ないも同然。

けれど、こうも言える。世界は、社会は、自分なんだって。

だってわたしが死んでしまえば、わたしの「世界」もそれでお終い。わたしが死んでしまえば、わたしの「社会」もそれでお終い。だから、生きてる間は「世界は、社会は、こうあって欲しい…」ということに向かっていたいと実感したのです。

「大袈裟ね」と笑っていますか？　そう、大袈裟なんでしょうけれど、実感なのです。3月11日以降、自分の芯が地球に向かって真っ直ぐに立ってるって。

あはは、ほんとに、大袈裟ですね。

原発は要らない、戦争しない、力の弱い人を支え寄り添う社会になるため自分のできることをしたいと、誘われるまま流れに身を任せ、役立つと思えたことをやってきました。「怖がらず恥ずかしがらず」と自分を励まし続けてきました。

が、事態は日々、時々刻々、深刻になっていきます。

取り返しのつかない方向へ、次から次へと。あまりにも愚かな決定がされ、怖ろしい展開があり、あちこちで火の手が上がっているのに、殆どの人は相変わらず無知・無関心。

（中略）

わたしがこれまで心惹かれて読んだ本や観た映画は、大抵が「抵抗する人」「自分を生ききった人」のお話だったのだと気がつきました。マーケティングではじき出されたデータをベースに製作配給される人気映画、メジャーな映画には興味がなく、観たいのはいつも「抵抗する人」「反逆する人」の物語。その生涯で賞賛され愛された人も、非難され続けて死んでいった人もいて、実に様々です。この２枚（編集部注：世界文化史年表と世界地図）を前に立ち尽くしていると、記憶の底にある、実在した人、架空の人、それぞれのいろんな言葉や行いが現れてきます。

わたしの精神の拠り所になっている映画を再確認して観直しています。『波止場』『第三の男』『市民ケーン』『アラビアのロレンス』『何がジェーンに起ったか？』『マンディンゴ』『ジョニーは戦場へ行った』『真昼の決闘』『卒業』『イージー・ライダー』『カッコーの巣の上で』『グリニッチ・ビレッジの青春』『大人は判ってくれない』

ああ、キリがないほど、宝物がたっくさんある！

（中略）

人生の終盤に向かって、また、ひとつ、楽しみな鉱脈を探り当てました。

2015年　7月15日

SEALDsという希望

2011年3月11日以降、わたしはすっかり覚醒したのだと思います。

地震と津波は防ぎようがない天災だったけれど、原子力発電所の事故、あの恐ろしい事故は防げた人災。事故が起きるはるか以前から、その危険性を警告していてくれた人がいたのです。「原子力発電は危険すぎる」「事故が起こってからでは遅すぎる」って。しかも「チェルノブイリ事故」を経験して知っていたのに、いやいや、それどころか世界で唯一の原爆経験のある国だというのに、たくさんの警告の声を無視してきました。元・京都大学原子炉実験所・小出裕章《ひろあき》さんの「政・官・産・学・マスコミが一体となって原子力を国策として推進してきたのだから、騙されたのも仕方がない。けれど、騙されたあなたにも責任がある。騙されたことに気がつかなければ、また、騙される」という発言を読んだ時、わたしはハッとしたのでした。

たとえ何百万分の一、何十万分の一にしろ、わたしにも、このわたしにも責任がある…。

あの時、わたしは覚醒したのだと思います。今からでも遅くはない、原子力が廃絶されるまで自分のできることをしていこうと小さく決意したのでした。それから、ヨチヨチ歩き出しました。

2015年 7月22日

「発熱中！」が200名弱、増殖しました

世代の違う「正式な講師でない」「彼らが選択したのではない講師」のわたしの言葉が通じるのか、想いを共有できるのか…不安がいっぱいでしたが、最低限「本気で生きる」熱だけは伝えたいと教室に入りました。

大きな教室ですが、みなさんの許可をもらってマイクなしの直接の声で聴いてもらいました。これだけは伝えたいとメモしていったことを次々と展開。学生さんの反応に沿って脱線しながら、全員で雑談しながら散歩したような気分でした。

90分が、すぐ、でした。

以下、学生さんのアンケートです。(編集部注：抜粋しています)

・今までの中でいちばんビビッときた講義でした。木内さんみたいに熱をぶつけてくれる授業があまりないから、なんかどよーんとしてしまう気がしました。
・いつもの授業と違ってすごく新鮮だった。いい意味で普段の常識を壊してくれてよかった。
・「わたしたちは人生の華の時代を生きているのだから、もっと、パワフルに生きないともったいない」という言葉が胸に痛く刺さりました。
・非常に感情に訴えてきて、多少、過激だったが、普段こういう人に教えられることはなかったので新鮮だった。
・今まで大学で受けてきた授業でいちばん面白いものだと思いました。
・今日、木内さんの講義をきいて、うちに眠っていたわたしの生きる原動力、果たしたい思いを再確認することができたような気がします。
・「自分の中にどういう熱があるのかを知る」という言葉がいちばん印象的だった。
・木内みどりさんは今まで会った人の中でいちばん力強い人でした。
・生き方を見直そうと思った。感心と圧倒の連続だった。
・わたしの人生の主役はわたし、と主張することの大切さを感じました。
・わたしは福島県出身なのですが、ここまで授業で原発批判とか政府の対応批判した人は見たことがなかったので圧倒されました。
・目をさまさなければ!!　何かいろいろもう遅いやと思っていたけれど、全然だ。これからだ。

・人生のエネルギーをもらいました。

・みどりさんの講義は演劇みたいで直接、心にひびいた。

2015年　8月5日

フジロックと小林節と辻井喬

詩人・辻井喬《たかし》として、そして同時に経済人・堤清二として生きられた堤さんのきらびやかな人生を彩った、たくさんの展示物の中で、一枚の展示物に釘付けになりました。

「テロリストになりたし朝に霜崩れる」

衝撃を受けました。

同じことを感じたことがあるからです。

「テロリストになりたしと思えど道遠し」などとノートに書きつけていたのです。堤さんの句の前で自分の無力を全身で感じていました。なんと非力な自分か。この句の前で、堤さんの孤独と自分の孤独を恐る恐る重ねていました。

2015年　9月9日

カトリーヌさん

きのう(9月6日)出会った女性のことをお伝えします。このフランス人女性には、わたし、痺れました。カトリーヌ・カドゥ(Catherine CADOU)さん。

(中略)

カトリーヌさん、「原発要らない、再稼働などもってのほか。みんなで戦い抜きましょう」とスピーチされた後、「これはわたしの小さな経験ですが」と言って話してくださったエピソード。

ある日電話がかかってきて、日本国がわたしに勲章を下さると言うのです。わたしは〝勲章〟なんて好きじゃないけれど、わたしがしてきたことがみなさんに知っていただけるならうれしいとお受けしますと言ったのです。ところがその翌日、当時の野田首相が大飯《おおい》原発を再稼働させると発表したとニュースで知りました。わたしはすぐに大使館に電話して、「きのうはお受けしますと言いましたが、変更します。原発事故を起こしておきながら再稼働をさせるなんて、そんな政府からの勲章などいりませんので、変更します」と言いました。

カッコいいいいい〜〜！

（編集部注：カトリーヌさんは、通訳、映画監督。映画界の巨匠・黒澤明監督の通訳として日本とフランスで活躍。また映画監督として『KIBA Tokyo Micropole/ 住めば都』『KUROSAWA's Way/ 黒澤 その道』を撮影）

2016年 2月24日

合田佐和子さん

画家、合田佐和子さんが亡くなりました。
（中略）
誇り高きさわこちゃん。
ほんとにとんがった女性でしたから、
並みのオトコじゃあ、かなわない。
並みのオトコはすたこらさっさと居なくなる。
だって、彼女は類い稀なアーチスト「合田佐和子」なのです。
合田佐和子は「合田佐和子」の時間を生ききったのです。

（中略）
さわこちゃん、
さわこちゃん、
さわこちゃん、
さわこちゃん、
もういないなんて、
淋しすぎる。
けれどね、
近いうちにわたしも行くところだから。
そのうちに、ね。
さわこちゃん、
おやすみなさい〜

2016年　3月2日

リトアニアの政治家は素敵

今朝、来日されたリトアニア共和国国会議長は、H.E. Mrs.Loreta Grauziniene さんという女性でした。ディナーの席が真ん前でしたから親しくお話しすることができました。「リトアニアの政治家の方々はみなさんクリエイティブ、アーチストが多いですよね」と言うと、ニッコリされて「様々な才能の人がいた方が、多様な政府ができますからね」って。「リトアニアの方々はみなさん、詩を作ることが好きなんですって？」と訊いたら「そう、誰もが詩を書きます。特に若い人たちは自分の考えを整理し表すことが大切ですから」。誰でも投稿できる「詩」のウェブサイトがあって、巨大で活発だそうです。なんだか羨ましい国です。

2016年 7月13日

お元気ですか？ 久しぶりの近況報告、です。

そして、参議院議員選挙！

山本太郎さんが全面支援する、東京選挙区に無所属で立候補した三宅洋平さんを応援してきました。「最終日までふたりの声を保たせるため、事務的なことはわたしが喋ります」と「おしかけMC」をしてきたのでした。

結果、落選でしたが、「選挙フェス」を連日経験して、これまでの選挙の仕方や仕組みの歪《いびつ》さ不公平さを感じ、自民党の露骨に汚いやり方に悲しくなり、そして、そして、相変わらず「無関心」な人々に呆れました。

以下、Facebookに書いた日記です。

（中略）

これからの自分の生き方の方向、
自分に与えられてる時間をどう過ごしたいか、
はっきり自覚できました。
小さい頃からのわたしの自我、
…本当のことが知りたい…
わたしの「腹の虫」が歳を重ねるのに比例して
本気になってくれちゃうことを、
もう、あっさり認めることにしました。
余裕のない生活をしている人たちこそが他者にやさしい、
そんなみんなとかけがえのない時間を過ごし、
年齢性別、育った背景、現在の暮らしの状況などと関係なく繋がれた、
お互いをとても貴重な存在と大切に思った。
三宅洋平さんと、

山本太郎さん。
本気で生きているふたりの「美しさ」に惚れ惚れとした時間、でした、
これからも、
一層、
ふたりを応援していきたいです。
我儘勝手なわたしを許し、
応援までしてくれた、
夫と娘に感謝。
ありがとね。

2016年　8月4日

ダルトン・トランボ

アメリカの映画脚本家であり映画監督のダルトン・トランボ。わたしはこの10年近く、いやもっと長い時間、追いかけてきた人で、あちこちの資料を読んでから彼の作品であ

る映画を観て、また、関連の資料を読んでから映画を観て、を繰り返してきました。ダルトン・トランボの実際の人生を詳しく知れば知るほど、トランボが彼の作品、『ローマの休日』、『黒い牡牛』、『スパルタカス』、『脱獄』、『ジョニーは戦場に行った』、『ダラスの熱い日』、『パピヨン』に、密かに潜ませたものがわかるようになってくるという、独特の楽しみがあるのでした。

そしてYouTubeで観られる当時の「公聴会」の様子。

どれほど圧力をかけられても逆境に追い込まれても権力に屈しないダルトン・トランボ。しかし映画『トランボ ハリウッドに最も嫌われた男』を見てちょっと悔しい気持ちがありました。10年以上コツコツコツコツ、トランボを追いかけてきたことがこの映画を観れば、ほとんどわかってしまう。まぁね、ひとりコツコツ調べたりすることが好きなんですけどね。

ひとつの魅力に惹きつけられると次なるひとつの魅力がそれに連なって、また次のひとつが連なって、また、次のひとつが。

しばし、娯楽時間を楽しむことにします。

2016年 9月28日

わたくし、ただいま「チェ・ゲバラ」に発熱中!

革命広場。1959年1月1日、この広場で革命の勝利を喜んだ民衆は100万人という。「その時のキューバの人口はどのくらい?」と質問したら「600万人」との返事。全人口600万人のうち、子どもや家から出られない病気や怪我の人、お年寄りなどをのぞいたら、きっと大人の4分の1くらいの人が集まったのではないかと。つまり人口の25%。

これが日本だったら? 2013年の統計では人口は1億2730万人、その25%だと、約3千182万人。3千182万人が「原発反対!」「戦争反対!」「主権は国民!」と立ち上がったら、日本を変えられる。

どうしたらいいの…。

ずるい者勝ち、嘘つきが勝ちのこの世界を変えたいと思う人は、人口の25%はいると思う。このままでは息苦しい希望のない国になる…と気がついている人は、25%はいると思う。

だから、立ち上がろう! 楽しむだけの人生をちょっと横に置いて、主権を国民の手に取り戻すまでは、立ち上がろう!

と、こう書いていくと「あなた大袈裟ね、本気でそんなことを考えてるの?」と呆れた顔も見えてくるけれど、わたしは本気なんです。本気で思っています。

今までのように集会にも行きます。署名もします。選挙の応援にも行きます。生きている間は自分のできることを続けていきたいと思っています。わたしだってチェ・ゲバラの側で生きているって誇りを持てるように。

2017年　6月14日

まだ、できることはある！

わたしも66歳。そろそろ、何ができて何ができなくなっているのか。限りある人生の終幕近くになって、自分は一体どこに向おうとしているのか、どうお終いにしたいのかはっきりさせたくなってきています。

「いかに生きていくのか」よりも「いかに死んでいくのか」というわけです。

無自覚に集めてしまった衣服・靴・バッグ・アクセサリーなどモノの整理だけでなく、本や雑誌、写真アルバム、スクラップ帳とともに想い出や友人・知人までをも整理する時に差し掛かっています。

（中略）

わたしもね、この頃ほんとに、フラついているのです。

「2011年3月11日以降、わたしの人生は変わりました」「無自覚だったわたしにも、事故を防げなかった責任が、何百万分の1にしろ、責任がある」と言って、自分にできることをしてきました。署名・寄付・抗議デモ・抗議集会、そのうち、司会や発言もするようになり「活動家」なんて言われることもあるようになりました。

が、この5年、6年、何を繰り返しても、どれほど熱をこめて抗議しても届かない。変わらない。それどころか、相手の狡猾さ卑怯さは加速度ついて強大になっていく。

もう、共謀罪が法律化される寸前の今、傷つき疲労して、無力感、脱力感で寝込みたいほど。きっと、どなたも同じように傷つき疲弊されていると思います。

が、しかし、が、しかし、まだできることはある。

明日（6月12日）の夜親しい演劇人、俳優女優の友人、舞台関係者などが集まって、なにができるか、なにが有効か、きっと最後の「抗い」になるかも知れないができることをしようと緊急会議をします。

2017年　8月2日

引き返せない夏

元々、政治のことを詳しく理解していないわたしですが、それでも、2011年3月11日以降、「この国は国民に本当のことを教えない」「この国は国民を守ってはくれない」ことに気づきました。大手新聞も国営放送も民放も、メディア全体が大きな力に支配されていて、真実など教えてはくれないのだと。

「事実が知りたい…」。知りたがり屋のわたしは動きはじめました。知りたい情報はどこにあるのか。「たね蒔きジャーナル」「IWJ」「DAYS JAPAN」「Our Planet-TV」「ラジオフォーラム」「デモクラTV」「ビデオニュース・ドットコム」「飛べ！サルバドール」、これらの番組をiPhoneに落として繰り返し聴いてきました。小出裕章さん、広河隆一さん、神保哲生さん、宮台真司さん、岩上安身《やすみ》さん、孫崎享《うける》さん、矢部宏治さん、アーサー・ビナードさん、永田浩三さん、この方々を追っかけるようにして聴き続けています。

聴いていて知らなかったことは、その言葉をチェック、調べて調べて調べる。だから、毎日の学習時間は増していくばかり。16歳、高校1年で学校をやめて役者になってからの空白を埋めていくかのように「学習」することが楽しくて楽しくて。

2017年　9月6日

ババアは反逆児

無理せず自分の出来る範囲で権力者に抗議する意思があることを表明する。心では同じことを考えていますとか、同じ考えですと言ってるだけじゃなく、それを外に表すことが大切。

それは自分の頭で考え、自分の言葉で話し、自分の足で立つということ。これができていない人が多くいる、と思う。

2018年 1月10日

「河」と広島

画家・四國五郎さんの息子さんである四國光さんから、この演劇（編集部注：広島の青春群像を描いた名作「河」）の上演があると聞いて、即座に「観たい」とそう思い口走っていた。

「こうしたい」「行きたい」「会いたい」「食べたい」と反射的に感じてそのように動いた結果、後悔したということがない。

「〜したい直感」は、信頼できる。

「木内みどりの小さなラジオ」より

木内みどりさんが会いたいと望んだ人とのお話を今も聞くことができるWebラジオ番組「木内みどりの小さなラジオ（https://kimidori-radio.com/）」から、三人の方々との心に響く対話の一部を掲載します。

小さなラジオとは――木内みどり

「自由なラジオ」（編集部注：木内さんがパーソナリティのひとりだったWebラジオ番組）を卒業することを決めた時点でわたしははっきり決心していました。

ひとりでラジオ番組を作る……って。

二〇一一年三月一一日を境に自分の意識が変化して、「脱原発」や「戦争反対」といった活動をされてきた方が多くいらっしゃいます。わたしもそのひとり、です。

地震と津波は天災、自然災害。

けれど原発事故は人災、防げた事故。

元・京都大学原子炉実験所の小出裕章さんの「騙されたあなたにも責任がある」という言葉を聴いて以来、私は少しずつ変化してきました。

「騙されて」きた自分はなぜ騙されたのか。

大きな新聞やテレビ・ラジオもほんとうではないことを報道することがあるし、大きなスポンサーが展開するものには「嘘」と「ほんと」が入り混じっていることにも気がつきました。

二〇一八年七月。

「木内みどりの小さなラジオ」開局します。

会いたい方に「会いたい」とお伝えしてOKを貰ったら自分で録音機を持って出かける。

スタジオを持たないスタッフも抱えない、たったひとりで始めるラジオ。

テレビがなかった頃、一台のラジオに家族みんなが耳をすませて聴いていたあの時間。

夏は暑く・冬は寒く・夜は暗かったあの時間。

確かなものに耳をすませ、小さなものを見落とさないように、誰もが丁寧に暮らしていたあの感覚、あの豊かさ。

どこか懐かしい、そして、優しい時間があなたに届きますように。

一回きりの人生。

致死率一〇〇%の人生。

六七歳の今、あと、何年生きられるのかを考えるようにもなりました。

だからこそ始めてみることとしました。

聴いてください。

初回のゲストはなんと、原子力の専門家、元・京都大学原子炉実験所助教の小出裕章さん！

うれしい！

喜びいっぱいの中でスタートできます。

「ひとり」を強調しているようで恥ずかしいので告白します。はい、助けていただいています。

（中略。助けていただいている人々の名前と感謝の言葉）

さぁ、船出が決まってなんだかワクワク、うれしい。ちょっと散歩でもしてきます。

小出裕章さん　なぜ小出さんは東大話法に染まらなかったのか

私の理想は五歳児！

小出　僕はとことん原子力に夢を持ったんです。で、中学高校時代は地質部というクラブにいて、いわゆる石ころを拾って歩く、と。

木内　石ころを集めた宮沢賢治のような。

小出　それがものすごく好きだったんです。ですから大学に行くときは地質学のほうに行こうかなと思っていたころもあったのですが、でも同時に原子力の平和利用、原子力発電というものに夢を持ってしまって、地質学に行くよりは、原子力に行こうと。ま、固く決意をしてその道に入ったわけですけれども、大学に入って勉強していくにしたがって「これはだめだ」ということに気がついたわけです。

ですから、自分が本当に心底信じて、自分の人生をかけようと思った道が誤りだったということになってしまったわけで、実に愚かな選択を僕自身がしたということに気がついた。そのときには自分の愚かな選択に関しては自分で落とし前をつけるしかないんだというふうに思ったわけです。ですから、今度は原子力をやめさせるために自分の力を使って落とし前をつけようということにしたわけです。先ほどからみどりさんもおっしゃっているように、今の国の官僚でも、政治家でもそうですけど、みんな東大話法（編集部注：社会学者・安冨歩氏が説く立場至上主義のエリートたちが駆使する欺瞞と無責任の話法）を使って、自分の利益のため、自分の家族のため、自分の周りのためという価値観で生きているわけですけども、私はそういう価値観はぜんぜんない、元からないんですね。
ほとんどの日本人は、将来はお金持ちになるとか、どっかのいい会社の重役になる社長になる、あるいは末は博士か大臣か、というふうに出世するとか、みんなそういった教育を受けてきて、その流れのなかで生きていく、ということが人生の目標みたいになってしまっているわけですけれども、私はそんなつまらんことに自分の人生をかける気がぜんぜんなくて、私という人間は他の誰でもない私。なわけですから、私らしく自分がやりたいことをやる、というのがいちばん大切なことだし、それをやらなきゃ人生損すると思っていましたし、今でもそう思っています。ですから、すべてのことは自分がやりたいことをやる、私にとってはそれだけなんです。

（中略）

木内　だいたい小出さんは大学のなかで教員としての最下層であることを恥ずかしいとも嫌だとも思ってなくて、なんと快適な、と思ってらして、そういう助教より教授がかっこいいとか、お金がないよりあるほうがかっこいいとか、肩書はたくさんあったほうがかっこいいとか、私なんかもやっぱり長いことそういう環境にいちゃったからどっちかっていうとそうだったたってことにどんどん気がついてきて。歳をとって残りが少ないぞ

と気づいたあたりから、そんなこと何の意味があるの？　っていうふうにどんどん気がついてきて。

私このごろね、理想は五歳児なんですよ。五歳児は自分は人とはちょっと違うってこともわかり、言葉で自分を表現することもできるし、でもお金も持ってない、貯金も持ってない、地図も持ってない、電話も持ってない頼れるものなんにもないんだけど、ただ道を歩いてるだけなのに楽しそうで嬉しそうで、なんなら歌まで歌ってなんなら走ってみたりなんかしちゃって。

あの幸せ感をね、なんとか死ぬまでに取り戻したい。あれに満たされて時間を過ごして死んでいきたいと思ってるんですね。

ということはいろんなものを手放すことだと思って、だからどうしても「小さなラジオ」をやりたくなっちゃったんですよ。

（二〇一八年七月二日収録）

小出裕章（こいでひろあき）一九四九年、東京都生まれ。工学者（原子力工学）。評論家。元京都大学原子炉実験所（現・京都大学複合原子力科学研究所）助教。研究分野は環境動態解析、原子力安全、放射性物質の環境動態。

細美武士さん　「ぜんぶ自分で決めたかった。最も大切なものは自由」

「自由」というものが他の何よりも絶対的に大事

木内　人のせいにしないじゃないですか。バイク、と思ってやめるときも、学校行くぞと思ってどういうわけかパチンコにはまってしまった、情けないたどった道でも、これじゃだめだぞと思って軌道修正して。人のせいにしないで自分がまちがったって思える素直さがやっぱり宝ですよね。

細美　いや、そう言っていただけるとすごくうれしいですけど、たぶん発想としては逆だったんですよね。何をするのか全部自分で決めたかったんですよ。

とにかくあまのじゃくで命令を聞くのだけは絶対に嫌で、自分のなかの価値観で最も大切なものは、考えるまでもなく「自由」。「自由」というものが他の何より絶対的に大事で、人との関係性や自分の人間性なんてものは二の次三の次。これがやりたいと思ったときにやれない理由があるなんてのがいやだ、ってただそれだけだったんですけど。

自分で決めてやっていくと、人のせいにする機会がないんですよね（笑）。誰かの命令を聞いて、これをやりなさい、この仕事に就きなさいって言われて就いてしまったときに出てくる不満ていうのはきっと「あなたのいうことを聞いたのに」ってことになるけど、誰の言うことも聞いてないので（笑）。

木内　シンプル。最初っから全部ね。すばらしい。

＊

木内　私もへそまがりで。誰ともうまくいかないで、みたいな。だから中卒なんですよ。高校一年で学校辞めちゃって。だから結構似てるんですすよ。誰にも譲れないものっていうのがすごくあって、小学校一年のときに入学式で「回れ右」とか「前へならえ」とか言われたときに、どうしてあなたにそんなこと言われなきゃいけないのって思ったときにもう私の人生決まってるんですよね。こんなことについていけない、って思って自分が見てたズックの靴をよく覚えてるんですよ。それが私の人生決めちゃったなっていう。

だから、何があってもどんなに大金積まれようがこれだけは変われないんです。しょうがないと思ってるんですけどね。そのへん似てるなぁと思ったんですが。

木内さんはパンクな人

細美　木内さんの、市民団体系のイベントでお話を聞いてて、自分らの世界でよく「あの人はパンクだね」みたいな言い方するんですけど、そういう印象を持ってたんですけど。でも大女優さんで。

木内　とんでもないです。

＊

（木内補足）はい、ここ。ここなんですよ。細美さんと話しているときは私気づいてなかったんですけど、文字起こしを読んだときに気がつきました。「自分らの世界でよく『あの人はパンクだね』みたいな言い方するんですけど、そういう印象を持ってたんです」って。えー、わーお、細美さんから「パンクな人だ」と言われてほんとにちょっと舞い上がっております。急にここだけ差し込みました。

＊

細美　自分はインディペンデントなものが好きなので、活動もそうですし、あえてそういうところにいるようにしてるんですけど、いわゆるどメジャーなところに、そういう魂を持ったままいたらけっこういろいろ大変だったんじゃないですか？

木内　大変だったけど、でもやっぱりいつもひとりでいたから。たとえば森繁久彌さんもドラマでご一緒してて、私くらいの年齢の人も六人くらい出てて、いつでも森繁さんを囲んでたんですけど、私はぜんぜん行かないから、ある日呼ばれて「なんでそばに来ないのあなた」って言われて、「別に来ないわけでも行くわけでもなんでもないんですよ」って言ったから、なんか「機嫌が悪いのか？」みたいなこと聞かれて「いや機嫌はいいんですけど」みたいな感じで（笑）。それから一目置いてくれるようになって。「またあいつは寄ってこないんだなぁ」みたいな感じで。

でもあるときすごく教えてくれたのが、「あなたみたいな子はね、うまい人とやるときにね、どううまいのかをちゃんと見ておきなさい」って教えてくれたんですよ。それはすごくありがたかったですね。芝居がうまいというのはどういうことなのか、みたいなことをそのときにね。あの大大大大、すばらしい偉大な俳優から教わったんですよ。

東芝日曜劇場のすばらしい大物のプロデューサーさんがいるんですね。ある日お声がかかったんですよ。それを断ったんですね。そしたらＡＰさんに呼び出されて「ＴＢＳでいっぱいドラマに出ていて、これからも大きくなろうとするんだったら、この仕事を断ると永久にあの人の作品には出れないよ」って言われて「はい、かまいません」って言って（笑）。「ＯＫすれば椅子ももらえるし」ってそこまで言うんですよ。死んでも出ないよ！　って思いましたけどね（笑）。

（二〇一八年　八月七日収録）

細美武士（ほそみ　たけし）一九七三年、千葉県生まれ。ミュージシャン。ELLEGARDEN、the HIATUS、MONOEYES、the LOW-ATUS のギターボーカルとして活動中。

井浦新さん　「表現者こそ声をあげるべき」

戦争に巻き込まれた弱き人たち

木内　今の財務官僚とか国のトップの人たちがあまりにひどいから、どうしてあんなに嘘だってわかっていても、資料を改ざんしてまで嘘を貫きとおすのかっていったら、ちょっとくらい自分には不利益だけど、日本の国のため国民のためには大事だから自分を少し譲って仕事するよりも、ちょっと国民には不利益だけど、自分や自分の家族、周りの人が安定した豊かな将来を手に入れることを選んでしまっているわけじゃないですか。

今、ほんとに日本人力が落ちていると思うんですけど、自分さえよければいい、自分の任期さえうまくいけばいい、それから、責任取りたくないから大きな冒険はしない、とか。だから、それでも嘘つきが勝ち、ずるい方が勝ちっていう世の中はやっぱりいやだと思うから、私もこういうことをやっているわけなんですけど。いつかここに来てこれを聞いてくれる人のためにこういう人たちがいたよ、っていうことをちゃんと残したい、伝えたいっていうふうに思っていて。大げさかもしれないけど、できる範囲でやっていきたいってやっぱり思うんですけど。

あの『返還交渉人』（編集部注：映画『返還交渉人　いつか、沖縄を取り戻す』）を監督・演出された柳川（強）さんという方がすごーい演出家で。その方と井浦さんが『返還交渉人』の前につくられた「最後の戦犯」（編集部注：NHKスペシャルのドラマ）が、本当に、これも大変だったでしょう。

井浦　「最後の戦犯」は僕が初めてテレビドラマで主演をいただいた作品でした。テレビドラマ自体が初めてで、デビューさせていただいた作品。柳川監督からも直接「ぜひやってほしい」という強いメッセージをいただきました。脚本を読ませてもらって、これは絶対に多くの人たちに見てもらいたいし届けるために自分をかけられる作品だなって感動して。

柳川さんは戦争というものをご自身のなかでテーマに置いていくつも作品をつくってこられたんですけど、決して権力のある側から作品を撮らない監督なんです。どんな状況でも、それが戦争というテーマだとしたら、必ず弱きものの目線から、その人がどう国を見ていたのか、どう世の中を見ていたのか、家族を見ていたのか、自分をどうとらえていたのかというのを弱きものの側からつくる監督なので、本当に信用できる人です。

　この作品でA級戦犯という言葉は耳にしていた言葉で、どういうものか知っていたんですけど、C級戦犯というものがあったことを初めて知って。

　僕の演じた役の方がC級戦犯を下されて逃亡生活をしていくってことだったんですけど、そのC級っていうのも、言ってみれば、上官の命令でやれと言われて嫌だと言えずやったような、弱き人たちがだいたいみんなC級戦犯なんですよね。自分の本意でなくても、すべて戦争が巻き起こしたことなんですけど、それを人として裁判で罰を受けなくてはいけないとなったときに、戦争という負の大きな力に巻き込まれた弱き人たちが、たくさん犠牲になってるのを感じます。戦争に参加していた人たちもほぼみんな被害者なんだというのも感じます。

木内　だから、戦争となってしまうと集団狂気みたいになってしまうじゃないですか、そうなる前に戦争とならないようにならないようにならないようになんとかしていかなくてはいけないのに、選挙をすれば自民党が勝ってしまうし。安倍さんがあれだけひどい嘘をつきとおして、ずるいことをしまくっているのに、それが全部わかっているんだけど引きずりおろせない。

国会前にあれだけ人が集まっても報道はしない。沖縄であれだけ座り込みをしていてもおじいさんおばあさんをごぼう抜きして、本当にもう見ていて嫌になりますよね。世の中おかしなことばっかりで、オリンピックなんてやってる場合じゃないでしょって本当に思うんですけど。

井浦　もちろん本気で人生をかけてスポーツをやってきている人たちが、ちゃんと自分のパフォーマンスを見せられる、自分の記録への挑戦をすることは尊いことで、やるべきことだと思うんですけど、東京、日本で今のこの状態で本当に嘘で塗り固めて、放射能だって心配で、なにも片づいてないのに収束してないのに、嘘を言って招致して決まってしまって、ずっと嘘を続けなきゃいけなくなってしまっているかもしれないし、まずいものにはどんどん蓋をされていくんだろうし。

いや、このタイミングじゃあないよな、ってちょっと感じてしまうところはありますね。

木内　女ごときが、女優ごときが、タレントごときがそんなことを言うなんてとんでもない。っていう空気がどうしてもやっぱりあって。

井浦　あれはなんでなんでしょうかね。何がそうさせるんでしょう。そういう表現者、表現をする仕事に携わる人たちも、そういうことは言うべき責任があるんじゃないのかなと思うんですけどね。

海外だともっと素直にできてますよね。日本は何かがゆがんでしまっていますよね。

偏ったとらえ方のほうに、今なっている。すべてにおいて、そういったことも大きくひっくるめて文化だとしたら、日本て文化がやせ細って危険だなと思います。そっちのほうが危ないなって思います。

欲しがらない人を見つける

木内　ある程度の年齢を越すと、肩書が欲しくなっちゃったり、嘘でもいいから人から尊敬されたいってなる。だから退職して肩書がなくなると不安だから下請け会社のなんとかとか、嘘でも理事のひとりに入れてよ、って情けなーい人になってしまう人も多くいるわけなんですけど。肩書はいらない、だから私の理想は五歳児だと思ってるんですけど、五歳児は地図も持ってないお金も持ってない貯金もゼロ、友達もいない、親戚もいない、言葉もしゃべれない、でもあんなに楽しい。だから五歳児くらいの全能感ていうのかしら、あれを手に入れたい。

　ということは、いろんなものを欲しがらない、欲しがらない人を見つけていこう、見つけていこうとすると見つかるんですよね。うん。欲しがってばかりいる人はすぐ見抜けちゃう。えらそうだけど。

井浦　出ますからね。

木内　やっぱりこういう素敵な人の素敵な話を新聞や雑誌やなんかの入り口をとおして残すんじゃなくて、丸ごと残しておきたい刻印しておきたいっていうような思いでいると、お願いするとこのラジオにも出てくださる。井浦さんもこうして出てくださる。うちの娘なんか「井浦新が出てくれるの!? すごいねぇ!」って。本当に感謝してます。

俳優であり美術にも造詣が深くて手仕事を残すとかいろんな活躍をしている井浦新という人は、世の中にあるきれいなもの、正しいものとか美しいものを損ねないで、そのものをそっとちゃんと伝えていきたい、それを運ぶ手になっているっていうね。それは素晴らしいなって思います。

井浦　ありがとうございます。夢中にやってきてしまっているので、自分が何者なのかというところが置き去りになったりするので、こうして木内さんとお話しすると、改めてちゃんと自分のやることとか、自分がどんなことやってるやつなのかとか、自分のこと自分がいちばんわからなかったりもしてしまうので。改めて頑張ろう、と思いました。

木内　すごいですねぇ、本当に。リスナーさんは満足されたでしょうか。この方は追っかければ追っかけるほど宝がザクザク出てくる方なので。今はGoogleとかYouTubeとか無料で見られちゃうところがあるのでどうぞどうぞ追っかけてください。どうもありがとうございました。

井浦　ありがとうございました。

（二〇一八年一〇月三一日収録）

井浦新（いうら あらた）　一九七四年、東京都生まれ。俳優。一九九八年、映画『ワンダフルライフ』に初主演。映画を中心にドラマ、ナレーションなどで幅広く活躍している。

『私にも絵が描けた！　コーチはTwitter』より

「お母さん、鳥の絵、描いてよ」という娘のひと言がきっかけで、1日1枚の絵を描くことを決め、どうせならとTwitterにアップ。当初は自分で「続かないはず」と思っていた木内みどりさんは、どんどん夢中になっていって、ぐんぐん腕を上げ、ついには365日休むことなく描き続け、「形にして欲しい」との要望に応えて本に。しかも自由に出版したいからと自費出版。なんとたったの500円、ワンコインで販売しました。この『私にも絵が描けた！　コーチはTwitter』から絵の一部と、「はじめに」と「おわりに」の一部を掲載します。

はじめに

ある時「なんだ、それ、りんごのつもりか…？」と言われ、咄嗟にその絵を後ろ手に隠し身を固くした自分を記憶している。

きっと、4歳の終わり頃。

重い扉がガシャリと閉じてなにかが、その瞬間、石になった。

それ以来、私は絵を描かなくなった。描けなくなった。

小学校の図工の時間をどう切り抜けていたのだろう。

描いて提出と言われれば無視できないはずだから、適当に描いて出したのだろう、記憶がまったくない。

夏休みの宿題で絵を1枚提出となると、絵を描くことが好きで上手だった母に頼んでそれらしいのを描いてもらったこともある。

母は私を叱らなかった。

ちょっとした隠し事を共有している仲間の気分でたのしかったし、先生は見抜けなかった。

この国では学校が大嫌いなこどもでも小学校、中学校はイヤでも行かねばならない。

中学を卒業して、高校に入った。

が、つくづく学校が嫌いだとはっきり自覚するばかりでどうやってここから脱出できるのかと、そのことばかり考えるようになった。

親を悲しませたくはないから、学校に行きたくないので退めたいとは言いたくなかった。

だからどうしても、ここに行きたいというところを見つけて親を説得しようと考えつき「行きたいところ探し」に夢中になった。

ある日、新聞の「劇団員募集」という文字に目が留まった。

「劇」の「団」…なんだ、そりゃ？

試験を受けて、なぜか受かって、入った。

高校は、1年で退めた。

その劇団の受験資格は演出部・文芸部は18歳以上、演技部は16歳以上だったから、16歳の私は演技部しか受けられなかった。

内気で人づきあいが下手、人前でなにかするなんて苦手中の苦手なのに、学校に行くよりはマシだと折り合いをつけて通いだした。


それからはひたすら成り行きの連続で、気がついたら、役者になっていた。

今だって馴染めていないし向いているとも思えないけれど、ただ、なにかを創りだすってことに夢中になって、生きてきたんだと思う。

クリエイティブな仕事をしている友人も、できた。

プロ・アマチュア問わず、詩人、作家、音楽家、ダンサー、デザイナー、イラストレーター。

画家の友だちもできた。

自分が好きな絵の傾向もわかってきたし、買える絵は買って持ってもいる。

でも、それでも、自分が描くことはなかった。

去年のお正月、２０１７年1月1日。

おせちとお雑煮を食べてかたづけて、テーブルに年賀ハガキを広げ家族３人でお喋りしていた。

ふと、娘が言った。

「お母さん、鳥の絵、描いてよ」、悪戯っぽい顔のキラキラした目でそう言った。

テーブル上の年賀ハガキには干支の酉がいっぱい。イラストだったり絵だったり写真だったりの、酉、鳥、ｂｉｒｄ。

私が一切絵を描かないことを知ってる娘が私をおちょくっているのだ。

少々ムッとして、

「いいわよ、そんなもの、描けるわよ」と、ハガキにボールペンでスラスラっと描いた。

「ふ〜〜〜ん」と言って眺めてた娘が、吹きだした。

「お母さん、あのね、鳥って、足は２本だよ」

ぎょえええっ！

私が描いた鳥は、４本足だった。

あちゃぁ〜〜〜！

「あのさ、毎日、描いてよ。毎日、笑いたいから、あはは〜」

そう言われて、嫌な気はしなかった。

かつて4歳の私は「なんだ、それ、りんごのつもりか？」の言葉に怯えたけれど、同じように「それってなに、えっ、鳥のつもり？」と言われているのにたいせつな娘から言われると嫌じゃなかった。

逆に、その挑発に乗ってやろうじゃないかとさえ思った。

「いいわよぅ、毎日、1枚ね。はいはい、描きますよぉ、見てなさいよ〜」

こんなきっかけで、1日1枚、描くことになった。

どうせだったらTwitterに載せちゃおうってことにした。

だって、きっと続かない、もって、1週間か10日くらいと思っていた。

が、

が、

描いていくことは発見の連続だった。


犬だって猫だって鳥だって60数年生きてきてずいぶん見てきた、はずだ。

猫なんて、トラちゃん、タビちゃん、ファー、くるみちゃん、エビゾー、ダンジュウロー、ジャムコ…。たくさんの猫と同居してきたというのに、描けない。

どうにも描けない。

一体私は何を見てきたのか…。


それから私は、少しずつ変化していった。

よく「見る」ようになった。

「見つめる」ようになった。

犬だって猫だって鳥だってすべてが唯一無二のものだって気がついた。

時間も、一瞬一瞬過ぎ去っていって同じ時に留まっていることはできないと気がついた。

感覚が、感じる力が繊細になっていった。

一瞬一瞬が、愛おしくなっていった。

そう、
だって、終わりは来る。
いずれ死ぬ、誰だって。
致死率１００％。

絵を描くことで、朝起きてから眠るまでの時間がより鮮やかになっていった。自分にとって、ほかの誰でもないこの自分にとって何が値打ちで何を愛おしく感じるのか気づいていった。

ほかの人の物差し・価値観なんて私自身となんの関係もないと、確信した。


絵を描くことは自分を整理することでもあるし、
他人の心無い言葉に傷ついた自分を自覚し慰めはげますことでもある。

人は、歌いたくなって歌うのだし、踊りたくなって踊る。

誰かにとやかく言われることじゃない。

だから、みんなに言いたい。

こどもを傷つけないでほしい。

評価しないでほしい。

歌いたい心や踊りたい心は繊細な風船のようなものだから誰かの無自覚なひと言で弾け、破れてしまう。

破れてしまったら、もう元には戻らないもう膨らまない。

心の傷は、誰にも見えない。

本人ですら忘れてしまわなければやっていけない。

だから、だから歌わなくなり踊らなくなり絵を描かなくなってしまう。

でも、4本足の鳥を描いた、描けない私が365日続けたら…。
もちろん世界の絵の基準からいえば「絵」じゃないかもしれない。
でも、人の評価はどうでもいい。
私が描けば、それが、私の絵なんだから。

絵を描くことは自分を慰めることでもあると実感しました。
だから、描くことをお勧めしたくなっちゃいました、あなたに。
絵なんて描けない、歌えない、踊れないと思ってるあなたは、
どこかで誰かに傷つけられたんです。
「下手だ」とか「おかしい」とか笑われたんです。
でも、でも、そうじゃない。
そうじゃないんです。
誰だって描けるし歌えるし踊れる。
あなたを縛り評価を下す、見下す、そんな環境からスルリと逃げだし、
もっともっとご自分を褒めてあげてください。
認めてあげて、時には、お調子にも乗せてあげてください。

だって、人生は1回きり。
自信って、自分を信じるって書きます。
だから、ご自分を信じて、やさしい気持ちで認めて。
描いてみませんか。
誰だって、絵は描けます。

1月1日

新年、おめでとうございます。
ほんとうに「めでたい新年」になるのかならないのか、
私たち自身にかかってると。
時々刻々と過ぎていく時間をどう過ごしていくのか。
気にいるようにかたづけ料理してお風呂でゆっくりした、
am3:00。やっと私の年越し。
2017年は〝編集〟する力をつけたい。

1日目

1月2日

自分の〝絵ごころ〟の無さに呆れてる。
せっかくだから鳥の絵を描いてと言われ、描いてみた。足が4本。
今まで一体なにを見てきたのか。笑ってください。

✎「向こう側に一羽隠れてませんか⁉」などとリプライをいただく。

 ✎は1年を振り返って後から書き加えたコメント。無印はTwitter投稿時のものです。

2日目

1月3日

毎日１枚描いて載せてとある方に言われました。ま､5日もやったら厭きると思われますが。

知り合いのお嬢さんを思い出して描きました。

✎ 手元にあった木の箱のフタにボールペンで。

6日目

1月7日

手も足も出ない。

どう描くのかわからない。

トラやん、タビちゃん、ファー、くるみちゃん､エビゾウ､ダンジュウロー、ジャムコ、たくさんの猫と同居してきたのに、私、一体なにを見てきたのか…

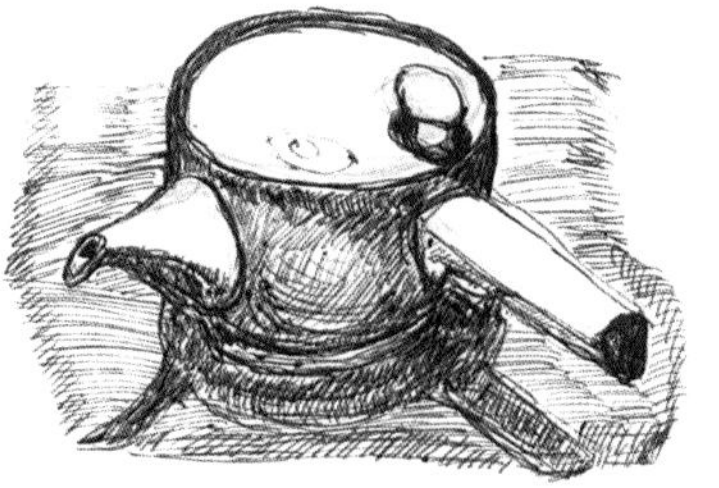

15日目

1月16日

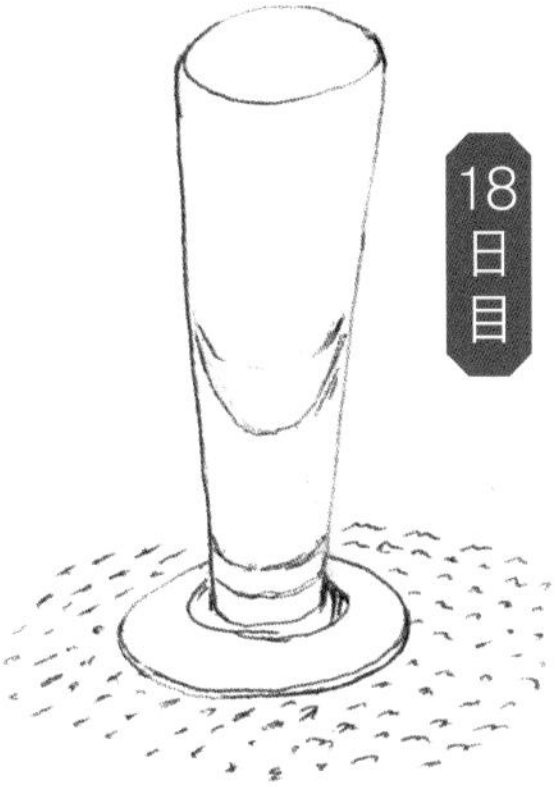

18日目

1月19日

1年365日、日が暮れたらビールをひと口。そして、純米酒。昭和テイストのぶ厚いこのグラスでね。そう、わたくし、酒呑みなのですw

21日目

1月22日

1月1日、4本足の鳥を描いて笑われて以来、小犬の散歩の時に見かける鳩や雀をよく観察するようになった。時にはしゃがみこんで、全体の形、バランスを記憶したいとじっと見つめる。21日目、なにも見ないで〝ひよこ〟を描いたらどうなるか描いてみた。こんなに短く小さな2本足では、このひよこは立ってられないはず。重さを支えるバランスに気がつく。

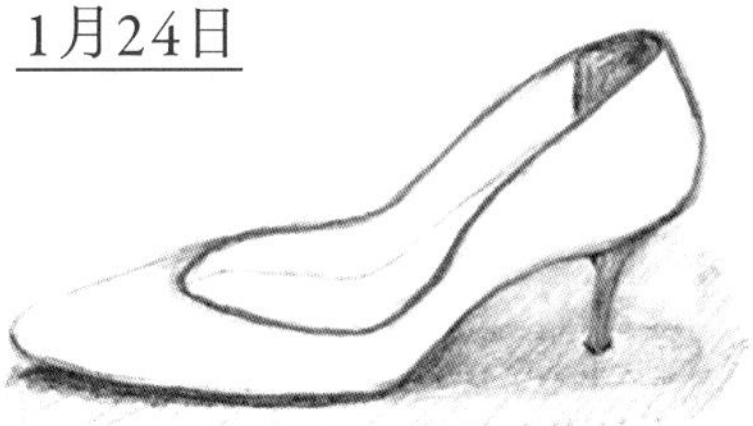

23日目

1月24日

27日目

1月28日

✏ 描く部分と描かない余白のバランスがおもしろい…と気がついた。

28日目

1月29日

✏ 馬を描いた。でも４本足じゃ、この馬は走るどころか立つことすらできないと感じて、足を足していった。４本、５本、６本…。７本になったら、やっと立てる感じになった。

39日目

2月9日

✏「みどりさんが描いたジョン・レノン。凄く感動しました。ありがとうございます。毎日、作風も描く対象もバリエーション豊かで（いつもビックリします）凄く楽しいです。これからも楽しみです」とリプライをいただく。
驚く。深夜の私のこころの波動が会ったこともない人のこころに触れていく…。

40日目

2月10日

✏白いスーツを描くにはスーツ以外に色があれば白いスーツとなる…。線をひいて、線をひいて、静かな夜、ひとりでボールペンで線をひいてる…。落ち着く、いい時間。

43日目

2月13日

この狼、描き終えて、ハガキやらボールペンやら机の上をかたづけて眠った。
翌朝、この絵を見て「いいじゃなぁーい！」と見惚れたw

44日目

2月14日

45日目

2月15日

小犬を連れて散歩する時、鳥や虫や犬、猫ばかり見つめる自分になった。

70日目

3月12日

描いたものの近くに線を１本足すだけで空間を決められることを発見する。線１本で世界を区切ることができる。

実生活では不可能なことができる。ありがたい。

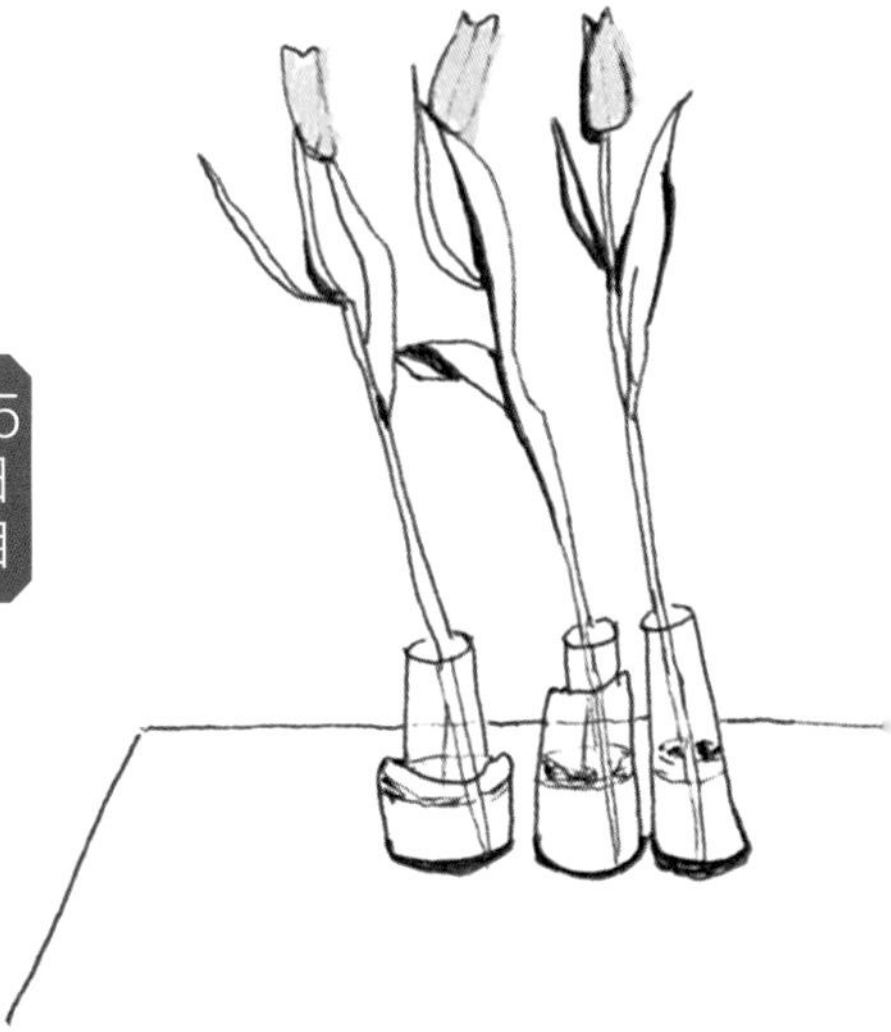

75日目

3月17日

はじめて色をつけた。
3本のチューリップが動きだした。

81日目

3月23日

いつもひとりで行くお気にいりの隠れ家BAR。どこのなんて名前の店か、誰にも教えてあげない。よ。

96日目

4月7日

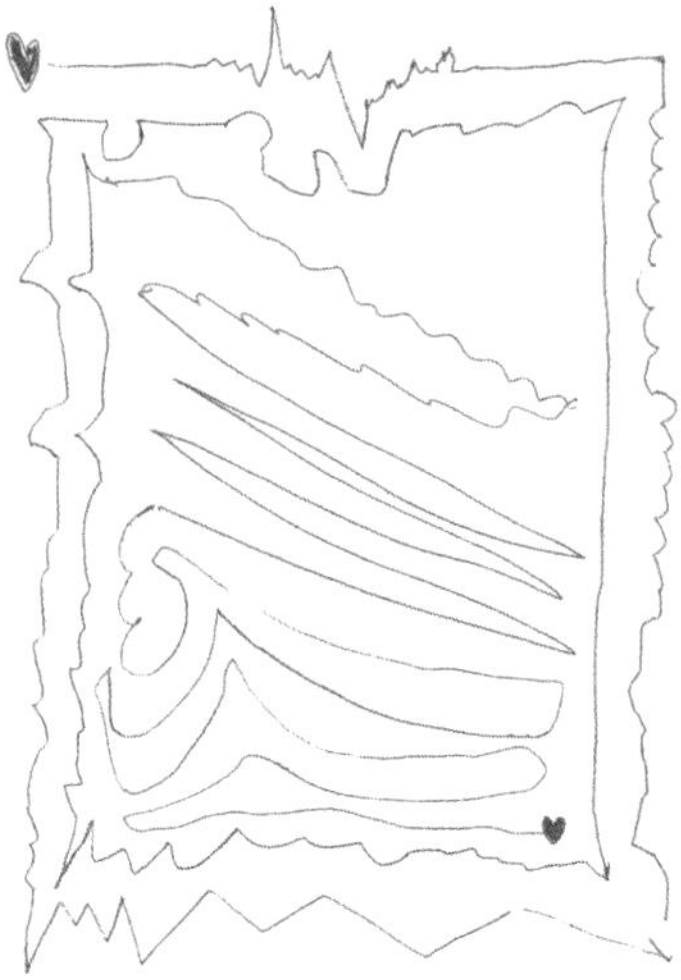

線1本でもいいから続けて描いてとのお言葉、ありがたく。今日は、ただの線ですw

✎「続けていれば、ある時急になにかが現れます。〝表現〟のようなものでしょうか？たのしくなります。描くってことは、意識的に〝視る〟ってことですから」「ぜひ続けてください！」などとリプライをいただき、返信。「はい。100日、続ける気が発生です。ありがとう〜」

100日目

4月11日

✎「100日目達成おめでとうございます。100日目というメモリアルな日に相応しい華やかなたのしい作品ですね。200日目や365日目、目指してほしいです」などとリプライをいただき、「200日目を目指すとか言っちゃったんですけど、あはは、無理かも」「100日目はこんな状況なので、365日目なんて、あり得ない、かも」と返信。

105日目

4月16日

手も足も出ない。

104日目まではボールペンのみで描いていた。が、「筆ってものがあるじゃないか」と気づき、家にあった筆ペン、祝儀用と不祝儀用２本の筆ペンを使うようになった。

107日目

4月18日

「銀座に行ってきたから、ナナちゃんの分も買ってきたの。はい、これ」。その時の私の役名でおっしゃって、老舗和装小物「銀座くのや」の布バッグをくださった。可愛がってくださったのに、甘えることができず、素っ気ない態度しかできなかった自分が今ごろ悔やまれる。「ええっ、アナタがお婆さん役を演っているの？ ええっ…」と、きっと笑うことでしょう、杉村さん。〝大女優、杉村春子さん〟は、ちょっと厳しい表情、きつい表情の写真が多いけれど、私が描く杉村さんは、いつもやさしいお顔の、やさしい女性になる。

4月21日

描くことがたのしくなってます。あなたも、ぜひ。

5月5日

1月1日から毎日描いて今日が124日目。123枚、描いてきた。初めはボールペン。そのうち〝線〟でなく〝面〟を描ける筆ペンに気がついた。友人がボールペンにも〝極細〟があることを教えてくれた。そうだ絵を描く筆を買おうと東急ハンズでお手軽セットを買った。

今日はイラストレーター・那須慶子さんが公開で似顔絵を描くと聞いて銀座まで 行ってきた。どこから描き始めるのか、描く人をどのくらい見るのか見つめるのか。あっ、こんなことするのね！ えぇっ、そんなことする⁉の連続で息をのんで見入っていました。

慶子さんが使う〝竹ペン〟衝撃でした。独特で強烈な〝線〟。近くの伊東屋で売っていると教わって、すぐに行って買いました！ 帰って、試しにとデタラメに描いてみました。あまりに下手なのですが今日の記念に。だから、これが124日目。

129日目

5月10日

水の使い方ちょっと、ちょっと、わかりかけてきた…ようなそうでもないような。

174日目

6月24日

蝶々の孵化、これは奇跡！

159日目

6月9日

いく代ちゃん、ユーさんも死んじゃった。磯貝お兄ちゃんもサワコちゃん（画家・合田佐和子）も山口小夜子さんも本木昭子さんも…。誰でもいつかは死んでしまう…。致死率100%。
絵を描くことはその人と自分との愛情を再発見して味わい直すこと。

176日目

6月26日

「バ」「ツ」と、はっきり大きな声で言って、×をつけた。
このヒトはバツでできている。

178日目

6月28日

「これ、すごく好きです。ぜひとも欲しい。譲って頂けませんか？」とリプライをいただいてびっくり！

181日目

7月1日

1月1日から始めて今日の7月1日で半年！

こんなに続けられるとは思わなかった。誰にでも、今の私の絵など、どなたにでも描けるということ。他人がいいと言うかなど関係ない。描きたいように観たものを感じたままに描くことは、たのしい。

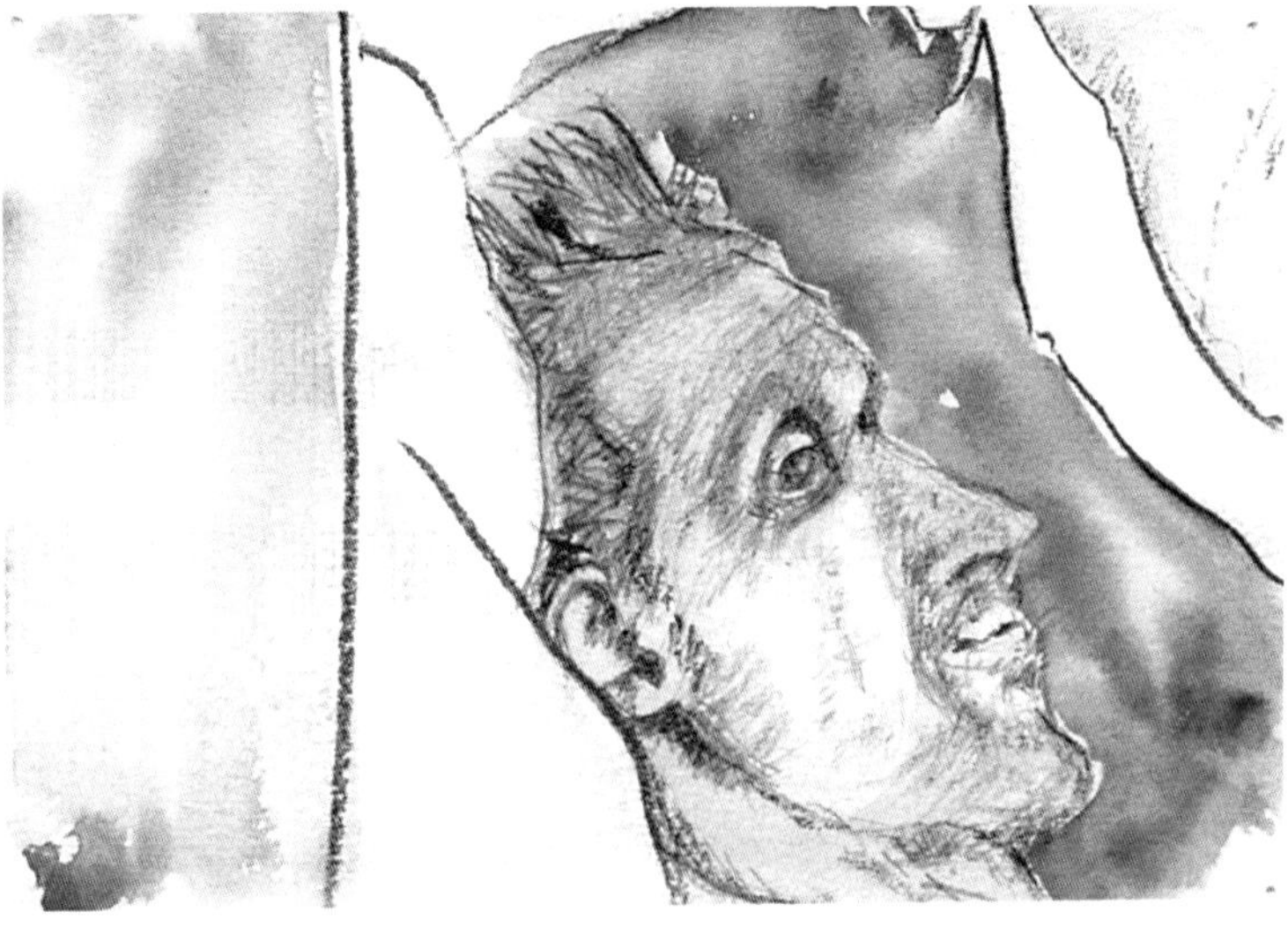

187日目

7月7日

ナレーションをしたTVドキュメンタリーに出てきた、死を覚悟した人の顔。最期に恋人に付き添われ、デートを重ねた想い出の湖に行き、ふたりで時を過ごす。彼の達観した表情が描けた〝気〟がした。

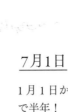

188日目

7月8日

190日目

7月10日

毎日、継続はしてるけれど、どの方向に行けば
いいのかわからなくなってきている。

189日目

7月9日

199日目

7月19日

「非戦を選ぶ演劇人の会」ピースリーディング本番前でクタクタ。ちょっと遅れたけど199日目。明日は、200日目になる！

202日目

7月22日

206日目

7月26日

「サイコ？」「ミック？」「オアシス？」「どなたでしょう？」と質問される。

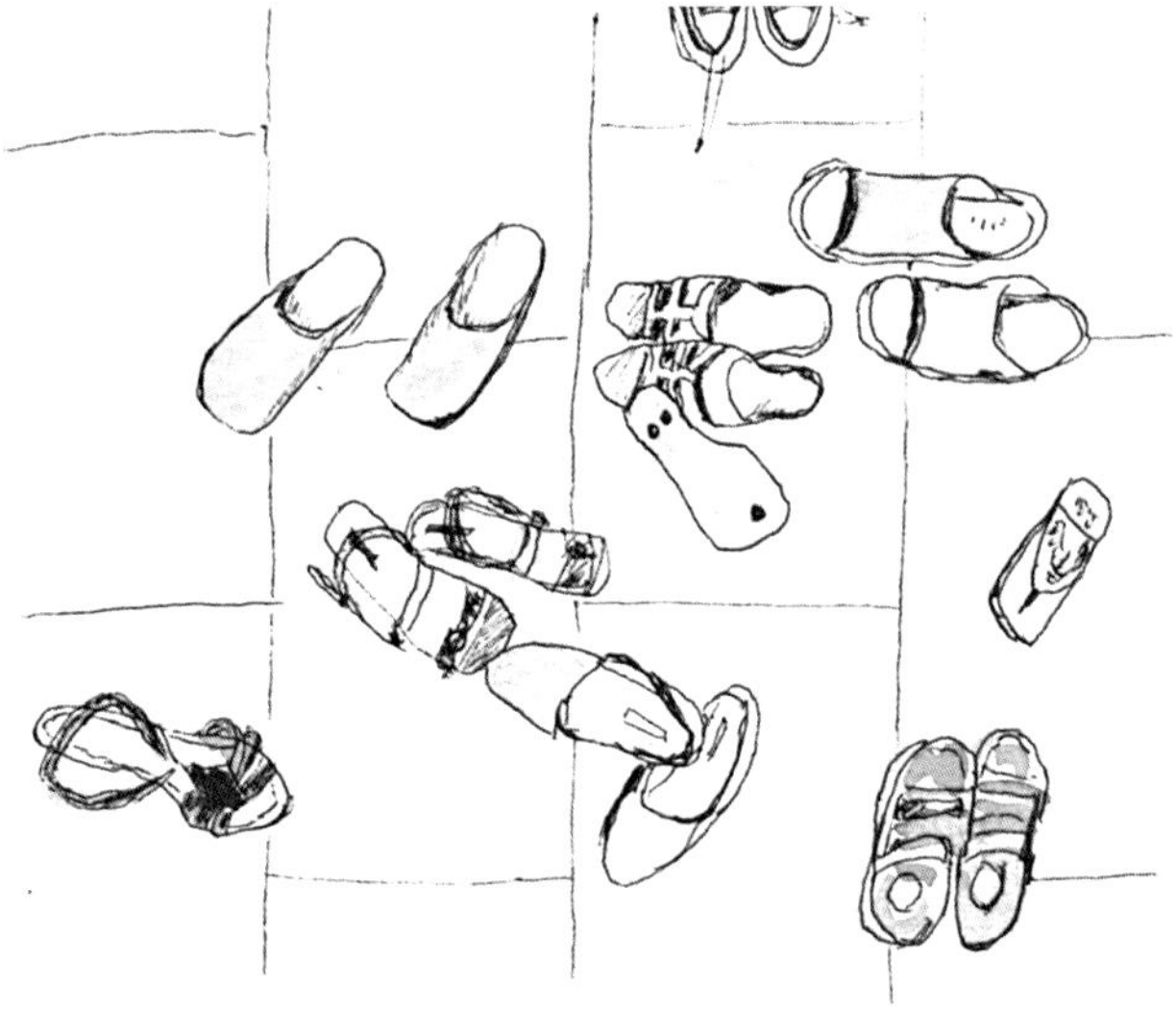

213日目

8月2日

小さな子たちが時々遊びに来てくれる。食材を切ったり並べたり茹でたり炒めたり大きいだの小さいだの…、ワイワイガヤガヤ歌ったり、つつきあったり、叫んだり…。私の至福の時間。

219日目

8月8日

「どんどん進化しているように思えてたのしみに見ております」「この絵からなにものかに対するはげしい怒りのようなものを瞬時に感じ取りました」「描 かれた時の雑感とかを裏にチョイと書かれたら、見返した時に素敵な記憶になるんじゃなかろうか？」「あの鳥の絵から始まったみどりさんの素描、毎日たのしみにしております。それにしても、こんなにも上達するものかと感心しきりです」「毎日の積み重ねって本当に凄い。私も真似して描きたいなと思いつつ、まだ始めてません」「毎日素敵ですが、ハッとするほど素敵な時も。365日と言わず、ずっとずっと！」などリプライをいただく。

コーチはTwitterだと思った。

225日目

8月14日

どこを省くのか…、見つめて見つめて、描いて描いて、見つめて見つめ続けて描いて描いて…。そんな静かな時間は瞑想状態に似ているのかも…と思う。

8月16日

227日目

237日目

（8月29日）

断食中でネット環境がないので不定期です。

239日目

（8月29日）

238日目

（8月29日）

（ネットにつながる場所へ来て
まとめてupしています）

251日目

9月10日

248日目

9月7日

（「私も描いてみたくなった」というリプライに対して）ぜひ描いてください。
静かないい時間が流れます。
いいものです。

255日目

9月14日

9月12日

253日目

なんだその絵は、
呪いか〜〜〜との
声ありｗ

269日目

9月28日

もう限界ギリギリなのです。

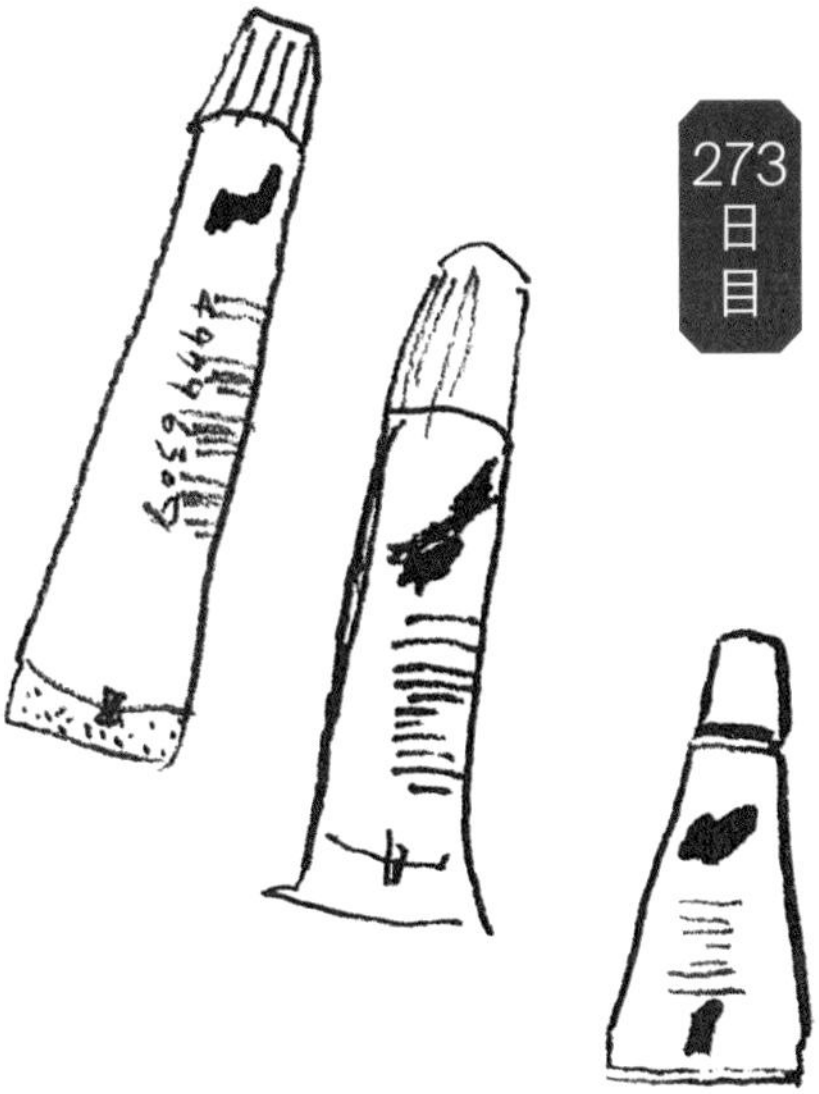

273日目

10月2日

もう止めよっかなあと言ったら、娘が絵の具ひとつ私の前に置いて「これを描いて」と。イヤイヤ描いた（真ん中）。すると娘が描いた（下）。すると夫が描いた（上）。ちょっと、やる気が出た。

291日目

10月21日

しばらくぶりになにも見ないで〝鳥〟を描いてみた。どういう形か頭の中の鳥を思い浮かべても手を通して線が描けない。1月1日の足4本の鳥が4歳の絵で、今日の鳥が5歳くらい？めげずに続けるしかない。続けたい。

294
日
目

10月23日

新しい気分を手に入れよう。

✏ 線をひくときの勢いやリズム、こだわらないで伸び伸びと描けば、伸び伸びした線が定着するんだと実感。

301
日
目

10月30日

301日目。
300回を超えて…自分でも不思議な気分です。

305
日
目

11月3日

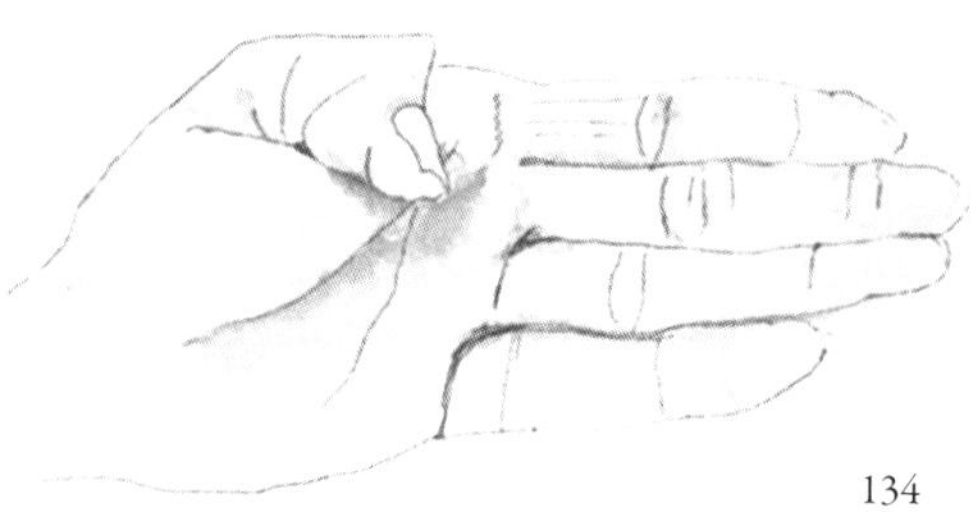

11月13日

315日目

315日目。

なんと！あと、50日。

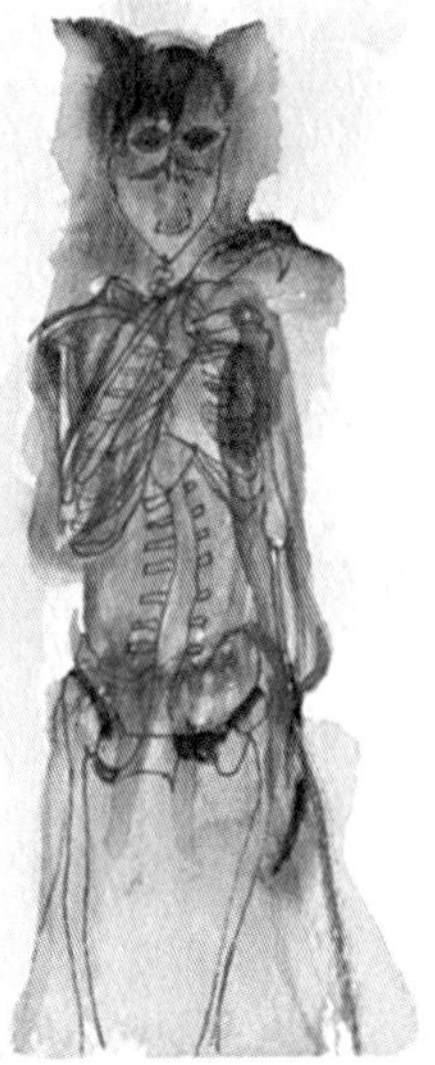

316日目

11月14日

316日目。

あと、49日。

322日目

11月20日

なんとか365日目まで。コメントいただくと元気が出ます。

静かな中でひとり絵を描いている時間は、頭を空っぽにしてくれ、凝った体をほぐしてくれます。

325日目

11月23日

365日まで、あと少しです。ゴールが見えてきました。絵を描くと、それは残ります。

時間が経ってから、見ることができます。

絵と違うことを感じたり、思いだしたり。

自分にだけわかる世界が深まります。

337日目

12月5日

5歳6歳のこどもや牛や犬や雲や樹を揺らす風、台所の日差しがありがたい毎日です。

✎「とても素敵です」「このシーン、いいですね。床暖の上でぬくぬくとお話」とリプライをいただく。
5､6歳の子と過ごす時間は飛びきり上等。たいてい私は聞き役になります。初めになにか質問すると答えてくれる。その答えてくれた言葉に反応していくと、こどもは話を発展させていってくれる。次から次へと、次から次へとつながっていく。この時も､床暖房で暖かく気持ちいい床に寝っ転がって、そう、小一時間も聞いていた。小春ちゃんからたくさんのことを教えてもらった。

353日目

12月21日

1月1日から始めた毎日1枚の絵をこのTwitterに載せてから、今日が353日目。

365枚はいけそうになってきました。画集にしたら、個展したら、ウチのギャラリーでやらない？など信じられない展開です。続けてこられたのはTwitterのおかげ、コメントくださったあなた様のおかげです。

365枚の絵を、どうするのか。

どうしたらいいのか。新しい悩み、けれど、うれしい悩みが始まりました。いいアイデアが浮かびましたら教えてください。

355日目

12月23日

363日目

12月29日

「ゴールで、みんなでテープもって待ってますよ (^-^)/」「あと2日」「いよいよカウントダウンが始まりましたね ^_^」など応援リプライが増える。ありがたい。

365日目

12月31日

明けましておめでとうございます。
ほんの3分遅れましたが、365日目の絵を載せることができました。達成できた〜〜〜！！！
たくさんの方々がたくさんの感想を送ってくださったその刺激のおかげです。ありがとうございました！
みなさまのこれからの1年がたのしく実りあるものでありますように！

（中略）

365日、毎日1枚の絵を載せるってことを始めて、ゴールの今日までいろんな局面がありました。絵を描くってなに？ なぜ描くの？ なぜ描きたいの？ 描いてどうしたいの？ …私の場合、娘の挑発にのったことがきっかけでしたが、続けるうちに発見すること気がつくことが多くてうれしくなりました。

毎日起きてから眠るまでずっと「見えている」「見ている」のですが、実は、見たくないものは見ていないという自分の奥底の願望が自動装置として働いているのだと気がつきました。

その勝手に作動してしまう装置を意識的に外す作業が、この1年の〝絵を描く〟ことだったように思います。


今夜は私にとって特別な時間。残り少ない時間をどう過ごしたいのかはっきりしてきました。

Twitterっておもしろいよね。情報との付き合い方も整理されてくるし。ま、これからもこの〝呟き〟を読んでくださっているあなたと、つながっていきましょう〜〜〜ね。

366日目

2018年1月1日

今日も載せたくなっちゃいましたw
366日目。

おわりに より

（前略）

そう、「勝手気まま」。

この9月で68歳になります私、残り時間のすべてを「勝手気まま」でいたいと思っているのです。

今まで生きてきた時間の中で、誰かに評価されたり傷つけられたりして縮んでしまった「絵を描く心」「歌う心」「踊る心」を取り戻したいのです。

もし、あなたも「絵が描けない」人で、この記録がいくらかでもお役に立つとすればこんなにうれしいことはありません。

Twitterフォロワーのみなみなさま、おかげさまでこんな1冊が誕生しました。

ありがとうございました。

お元気でいらしてください。

（後略）

最後の場所

　これでお終いか……と覚悟するのは、いったいどこでなのだろう。病室や手術室だけは、御免こうむりたい。できることなら、いつもの暮らしの中で迎えたいから、できる準備はしておきたい。こんなわたしでも、父を亡くし義母と母を看取り、幾人もの親しい友達を失ってからは、自分の死と死後のことを考えるようになった。死ぬことは自然なことだと素直に受け入れられるようになった、今現在、68歳。

　が、死ぬ瞬間はともかく、死んだ後のことが問題だ。死にそうになってからほんとうに死ぬまで、わたしが決められることは限られているが、死んでしまってからのことはわたし自身が決めて準備しておくことはできる。

　だって、わたしはお墓に入りたくない、あの白い骨壺に入れられたくない、戒名など付けられたくもない。そう、散骨してほしい。

　人っ子ひとり来ないような辺境の地に、粉砕したわたしの「お骨」を入れた木箱を打ち捨ててきてほしい。そして、その場所がどこかなど忘れてほしい。

　とは言え、誰がそれをするのか。連れ合いか娘か。ふたりともわたしの頑固・へそ曲がりをよくよく知っているから、わたしの望む通りにやってくれると信じている。

「お骨」を粉砕してくれる業者さんは検討してほぼ決めてあるし（粉砕代金の相場、2万9000円）。

先日は、「最後の場所」探しに山の奥の奥へ行ってきた。大きな川の流れに沿って登っていき、枝分かれした小さな川に沿ってさらに奥へ奥へ。看板ひとつなく人の気配は皆無。きっと、10年前も20年前も、いや50年前だって、ここはこういう場所だったに違いないと得心する場所。真っ直ぐに立ち並ぶ杉が作る陰で空気はひんやり、清潔だ。

「ここがいい……」と深く深く呼吸した。

ここここそが「最後の場所」と決めると、さぁぁっと樹々が揺らいだようで、心の底に木洩れ日が降りそそいだ。うれしかった。1泊2日つきあってくれた友人が、私の死後に連れ合いか娘とこの場所に来て「骨箱」を見届けると、約束してくれた。こうなってくるとうれしくて、死ぬその時までの時間が一層愛おしくなってくる。

いつかは死ねる、いつかはあの場所に行くのだという安心感。木の骨箱もやがては朽ち果て、中の「お骨」は土に還っていき……、はい、それで、お終い。

お・し・ま・い！

はは、気持ちがいい。

わたしは仏事が嫌い、お通夜、葬儀、法事が嫌い。誰のために生きているのか、なんのために生きているのかわかりはしないけれど、形式、慣習、常識などに縛られて生きていたくはない。一度きりのかけがえのない人生、最期の最期の最後まで、わたしらしくありたいと願っています。

お元気でいらしてください。

（二〇一九年「暮しの手帖」第4世紀99号）

第三章　あかるい別れかた

2019年11月末、自宅。遺言状をコピーして壁に貼り、母の好きなものを思いつくまま飾った。イセッタの模型、マリア様の像、かつての愛猫ジャムちゃんの写真、アクセサリー、毎晩飲んでいた純米酒「魚沼」。

自宅にて

最後の広島への荷物一式。クロムハーツのレザージャケットも、リモワの軽量スーツケースも、自分で縫ってシルエットを変えた帽子も旅行の定番。

「セロ弾きのゴーシュ」に影響されて買ったチェロは上達前に飽きてしまった。帽子が大好きで、似たような黒いハットをいくつも持っている。

記念写真を撮る習慣のない3人。「木内みどりさんを語りあう会」にて、
貴重かつ最後の家族写真。

木内みどりさんを語りあう会　2020年2月13日

このイセッタでテレビ局にもスーパーマーケットにも軽井沢にもどこにでも行く。りんご丸と呼んでかわいがり、10年以上乗った。

いちばん好きな本とCD。『ジェーン・エア』は原書で読んだ。ビートルズの来日公演にはもちろん行った。

上段は画材。中段は、メモ魔として旅行のたびに1冊使いきるノート。下段のiPadで四六時中なにかを勉強していた。

訃報を公表した数日後に届いたダライ・ラマ法王14世からの手紙。哀悼の意と、生前の親交や援助に対する感謝の言葉が綴られていた。

気に入るものを見つけては買い、あらゆる場所にちりばめるように置いていた眼鏡のごく一部。

木内みどりさんを語りあう会
2020年2月13日

会場の展示品には父か私が説明文をつけた。

ここ数年気に入っていてひたすら履いていたもの。黒2足と紺1足を所持。

これを履けばいくらでも歩ける。いままで履いた靴のなかでいちばん楽！と、どんな服装にも合わせ、映画の舞台挨拶にさえこれで出ていました。

お棺にも入れたので今も履いているはず。

（頌子記）

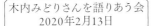

「ここにこれが入ってるからね」と聞かされていた引き出しから遺言状を取り出したのは、母が死んだ日の翌々日。読んでみると一行ごとに「知ってるよ」と声が出た。死んだらしてほしいと母が書いたことのすべてを、遺言状を読む前から、察して手配しはじめていた。

数日後、自宅で小さな集まりを開いた。友人たちに食べ物と飲み物を持ち寄ってもらい、渾身のプレイリストを流して、たくさんの蠟燭《ろうそく》を灯して、家のあちこちで遅くまで話をした。

2020年2月13日には「木内みどりさんを語りあう会」「木内みどり お別れの会」を開催した。会場には写真や車や持ち物を思いきり飾った。来てくださった方々が口を揃えて、母の死にかたについても会についても「みどりさんらしい」「かっこいい」とおっしゃったので、母のかわりに私が照れたり胸を張ったりした。

9月27日、母が決めた山の奥の奥で散骨をした。『最後の場所』に「木箱に入れて打ち捨ててきてほしい」と書かれていたことをすっかり忘れ、白い粉をそのまま撒いてきてしまった。野草に降り積もった骨は、周囲から堂々と浮いていて、母らしかった。

（水野頌子　P.142〜144も）

木内みどりさんへ――「木内みどりさんを語りあう会」より

「木内みどりさんを語りあう会」には、生前親交があった約四五〇人が集まりました。マイクを前に語った数名の方々のなかから、会の呼びかけ人でもある岩井俊二さん、桃井かおりさんのスピーチ、そして、会場で読み上げられた坂本龍一さんからのメッセージを掲載します。

坂本龍一さん（メッセージ）

「木内さん、突然現世を去ってしまわれましたね。それが木内さんらしいのかどうか分かりませんが、僕には理想的な逝き方のように思えます。

木内さんとは、二〇一一年三月一一日の地震と津波の後、よく顔を合わすようになりました。原発事故からの脱原発の集会、そして選挙応援、また、安全保障関連法に対するデモなどでも度々お目にかかりました。

日本の有名な女優さんなのに、非常にアクティブに社会や政治にコミットしている姿はとても眩しいものでした。海外ではジェーン・フォンダを始めとして、全く珍しいことではありませんが、日本ではとても貴重な存在でした。

どうか安らかに輪廻転生なさってください。

合掌」

（音楽家）

岩井俊二さん

初めてお会いしたのが、震災の翌年くらいだったんですけど、女優の松田美由紀さん、あと、ミュージシャンで音楽プロデューサーの小林武史さんと、ジャーナリストの岩上安身さんと一緒に、毎月、会食のようなパーティーのような、社会について考える会のようなものを、「69（ロック）の会」というのをやってまして、ふと会場を見ていたら、木内さん、ポツンといらっしゃって、熱心にお話を聞いてらして、で、僕はかねてから大ファンだったものですから、ちょっと舞い上がってしまって、ちょっと隙を見つけてですね、お声かけさせていただいて、「実は、『幻のぶどう園』の大ファンです」っていうのが第一声で、そうしたら、木内さんが、「え、何？」っていう感じで、「あんた、何なの？」みたいな感じのリアクションで（笑）、すごい驚かれてですね。

この「幻のぶどう園」っていうのは、昔、一九七六年、銀河テレビ小説の夏の「ふるさとシリーズ」というもののドラマだったんですけど、尾藤イサオさんが主演で、売れないミュージシャンで、で、みどりさんがその彼女役でした。「もういいかげん音楽を辞めて、田舎に帰って、平和に暮らそう」みたいな彼女だったと思うんですが、尾藤イサオさん演じるミュージシャンの実家がぶどう園で、お金持ちなんです。ところが、花沢徳衛さん演じる親父さんが地元の地方議会に立候補して、選挙でたくさんお金を使って、落選して、で、ぶどう園も全部なくなってしまったって話を彼女にするんですね、「もうあのぶどう園はないんだよ」っていう。

で、そのときの彼女のリアクションが、一言、「えっ！」って言うんですけど、この「えっ！」っていうのが、ちょっと僕のなかで、もうカウンターパンチの衝撃で、「今のは演技なのか、何をされたんだろう?」「これ、お芝居だよね?」っていう衝撃があって。なんかどこかお芝居の領域を超えた一言で、「今何されたんだろう?」っていう、ある種カルチャーショックを受けました。ちょうど再放送をやってたんで、それをもう一度確認したくて見た、ということがありました。ずっと謎だったんですね。偶然出た「えっ!」だったのか、なんだったのかがちょっとわからなくて。

ただもうそのドラマが素晴らしくていまだに忘れられないんです。主題歌が松任谷由実さん、荒井由実さん時代の「晩夏(ひとりの季節)」という曲だというのもあって。もう本当に僕のなかの思い出のドラマでした。

まぁそんなことがあって、直接お会いできて、少しメールのやりとりとかできる関係になって、時々お会いしてたんですけど、今回、『ラストレター』という映画で、ようやく撮影現場でお会いできて、実際にカメラの前で演技してもらっていきながら、その「えっ!」という彼女の演技がどこから出たんだろうというのを観察していたんですけれど、どうも、あのぅ、やっぱり皆さんおっしゃってるとおりで、すごくなんか自由な方で、こう魂に羽が付いてるような、自由なところがありまして。なんだろう、演技なのか、演技じゃないのか、やっぱり、僕の現場でも測りかねるところがあって、広瀬すずさんとか、松たか子さんとか、若い俳優さんとの掛け合いもあったんですけど、気がつくと、みどりさんを追っかけている自分がいてですね。「規格外のこの演技って、何なんだろう?」っていう。

だから、ともすると、周りの俳優さんたちがお芝居してるのがわかっちゃうんですよね。ふつうにお芝居ということで、約束事のなかに、より自然にだとか、いろんなことがあるんでしょうけど、そこですらないというか。なんか芝居をしながら自分でも笑っちゃったりとかしているのもまた自然だったりとかして、何が出てくるかわからない。でも、「不思議」とか、「性格俳優」とか、「独特」とか、もうそんなものでもないんですね。例えるなら、本当にこう、木とか、風とか、そういう自然な、自然な演技じゃなくて、自然物?　自然の、空をたゆたう雲だとか、なんかそっちに近い不思議な女優さんでした。

もうそれは本当に、いまここで喋っているからお世辞で言っているわけじゃなくて、もう本当に撮影終わったときに、「是非もう一度」「むしろ何度でも」「できれば主演で」っていうくらい惚れ込んで、追いかけていたんですけど、もう急に逝ってしまわれたんで。逝ってしまわれたのかなぁ、なんか、ちょっと見えないそこら辺にポンとこう一歩移動されただけのような気がしていて、まだこの辺にいてくれそうな、僕のなかでそんな感じでまだいるんですけど。なので、遠くに行ってしまったみどりさんに、呼びかけるというより、「いま何してるんですか?」って聞きたくなるような距離感で今日を迎えていますけど。当然だろうと思いますけど、これだけ多くの方に愛されて。本当はできることなら、もう何作もこれから作品を一緒に作れたらと思ってたんで、そこだけが無念ですけれど。でも、きっといつまでも見守ってくれてると思うんで、ということです。はい。ありがとうございました。

（映画監督）

桃井かおりさん

どうも、えぇと、桃井かおりです。えぇと、本当は、私が死んでて、それでみどりが生きてるっていうのが、なんかふたりで話してたことで。まだ少女のころに、デビューしてちょっとのころに出会って、話してたのが、私が、ある日アパートでひとりで死んでて、こたつのなかで。で、みかんが腐ってて、そこに、出勤してこない桃井を探してみどりが訪ねてくると、死んでいるっていう。彼女が想像しただけのトラウマなんですけど、ずーっとそれが残ってて。

それで、この間、私がやっと結婚しまして、そうしたら、みどりさんと、ラトビアの映画（編集部注：マーリス・マルティンソーンス監督『ふたりの旅路』二〇一七年／ラトビア、日本）で共演しているときに、うちの主人に会わせたら、「本当にね、かおりの死体をね、見つけたりするのだけが嫌だったのね、ありがとう」って言って、本当に喜んでくれて。あんなに結婚を祝福されたのは本当にみどりさんだけだったので、本当に本当にそう思ってたんだなぁと思って。だから、みどりさんが死ぬっていうことは、本当に予定にないので、お互いに。私が死んで、みどりが見つけるっていう構造だったんで、だから、これはどういうことなのかわかりませんが、たぶん、みどりが死ぬなら、みんな死ぬんだってことがわかりました、私は。

なんだか、私、この業界で、みどりさんみたいに清潔な女を見たことがありませんでした。清潔で、シャイだけれども、シャイっていうか、小心者ですよ、どうせ。だけど、すごいぶっ飛んだことをやる、飛べる、品がいい。とにかく、正しい人でした。だから、みどりさんが、木内みどりがいれば、業界のモラルは保てたと思うんですよね。もうこれからボロボロですよ。もうみどりがいなくなったら、歯止めないですよ、この業界は。

このあいだ話してたら、私たち、それって、当然なんだけど、おばあさん役が初めてだから、ちょっと浮かれるわけなんですよね。それで、「おばあさんっていうのはね、腰をちょっと落とすのよ」とか、いろいろ教えてくれたんですね。で、「すっごい、簡単になれるわよ、おばあさん」って。「もうなってる」って言ったの（笑）。認めないタイプのふたりがね、おばあさん役をやってて。

だから、なんかみどりはすっごい長生きするような気がしてたので、うちの母親は九七で元気ですからね、私、自分は一二〇歳までいくと思ってるんですけど。そうすると、私が自殺しない限りは、えぇと、一二〇をいっちゃうと思うんですよ。だとするとみどりは一五〇いく女だったんですよね。だから、これは本当に変な話だなぁと思ってて。たぶん、勘の強い、いろんなことに目ざとい、ちゃんと感じられる木内みどりさんのことだから、たぶん、なんか天国で、いい何かがあるんじゃないかと、なんかあるんだろうなぁっていう気はしてます。で、まぁみどりさんが先に行ってってくれれば、天国も面白くなってるに決まってるんで、まぁ安心して逝けるかなと思っています。

ただ、さっき、浅田美代子さんが、樹木さんに逝かれたあと、「初めてちゃんと本当のことお話しできる友達がやっとできたと思ったのに」ってしょぼくれてましたけど、本当に、私も本当のことを喋れる友達がみどりさんしかいなかったので、本当に残念です。

（俳優）

おわりに――「木内みどり」の完成

水野頌子

二〇一九年一一月一九日の午前一一時頃、父からの電話が鳴った。そのとき私は会社で仕事をしていたし、iPhoneの誤操作で有名な父からの着信とあって、例の無言電話だろうと通話拒否ボタンを押した。しかし通知が終わるやいなやまた着信。間髪入れずに拒否ボタンを押すと、今度は至急折り返すようにとだけ書かれたメッセージが届いた。

妙な予感がしてすぐにデスクを離れ父に電話をかけた。開口一番の「頌ちゃん」、その読点の響きだけでなぜか続く言葉がわかってしまった。そしてわかってしまったとおり父は、「頌ちゃん、お母さんが広島で亡くなったって」と続けたのだった。

絵に描いたような秋晴れの日だった。父から詳しい話を聞き、震える声で「なんで?」と言ってはみたけれど、なんでと思うのと同じくらい、その時点でもう腑に落ちていた。人はいずれ死ぬ、私だって早晩死ぬ、と口癖のように言っていた母が本当に死んだことにも、それを知らされる日にやけに天気がいいことにも、少しも違和感がなかった。仕事に出かけた遠方でひとり寝ているうちに死んでしまったという出来事のすべてが母らしかった。

急いで父と合流して広島へ飛び、訃報を聞くなり神奈川から駆けつけてくれた友人と、母の広島での仕事に関係者として立ち会っていた友人と落ち合った。よく知っている人が見たことのない表情で会釈してきたり、たくさんの事務的な説明が過剰なほど丁寧になされたりした。それまでは両手で覆い隠せるほどの小さな球体だった母の死が、じわじわと溶け広がって地面にこぼれ、現実に浸透していくのを感じた。

ひととおりの手続きを済ませたあと、葬儀社の担当者から、故人にお線香をあげるように言われた。律儀に対応している父や友人たちの大人っぽさに感心する一方で、母とお線香の組み合わせに面食らった私は辞退した。葬儀社の人がそれぞれのお線香の刺し位置まで指示するのを見て、その人が悪いわけではないけれど、なるほどこれがみどりさんの嫌いなお葬式屋さんか、と思わず笑ってしまった。

翌日、広島で火葬をした。着の身着のまま出てきた父と私はまったくの平服、友人たちも似たような服装で、見渡す限り喪服を着た人しか存在しない火葬場の待合室で、私たちは浮いていた。遺影のかわりにiPadを写真立てに置き、スライドショーでたくさんの写真を表示させた。

母は広島に、クロムハーツのレザージャケットを着て行っていた。すべすべでふわふわの革がお気に入りの十数年もののジャケット。袖を通すたびにその着心地のよさを自慢してきては「お母さんが死んだらあげるからね」と言ってくれていたから、母の荷物にそのジャケットを見つけた瞬間に「あ、死んだからもらおう」と羽織って自分のものにした。火葬場でもそれを着て過ごし、確かにすばらしく柔らかくて美しい革を撫でた。多忙のあまり親戚の葬儀にコンバースのスニーカーで出席し怒られたという母の逸話を思い出して、なんだか心強くなった。

骨上げのとき、小さな骨をこっそり食べた。無味乾燥という印象でただただ硬く、歯が負けそうになっただけで、特に感慨は湧かなかった。後日、母の兄にその話をしたら「松さん（母の母）が亡くなったとき、みどりも同じことをしてたよ」と言われ、また心強くなった。

母が世間の中心からずれていること、そしてそれを恥じていないどころか誇りにさえ思っていることは、娘としての私にとってあまり好ましいことではなかった。もうちょっと空気を読んで器用に立ち回ればいいのにと、子供の頃は特にそう思っていた。

でも大人になるにつれ、私の血液には母と同じやばさが含まれていることに気がついた。母はかっこつけであえてずれていたのではなく、全身に流れるそのやばさに突き動かされてずれてしまっていたのだということも、私自身の体感とともに理解した。そして母が死んでからはそのことに勇気づけられるようになった。母と私は変な位置の同じ場所に立っている。

「みどりさんは天国でも忙しくしてるだろうね」「お盆にはみどりさんが帰ってくるね」。母を常識的な死者として扱ってくれる人と話すと、その思いやりはありがたく受け取りつつも、ちょっとうけてしまう。母はいわゆる天国の場所もお盆の時期もわかっていないと思う。

二〇二〇年一月半ばのある夜、夢に母が出てきた。自宅の台所で何事もなかったかのように料理をしている母と、そのことを素直に喜んでいる私は、「久しぶりだね」「いつまでいるの?」「そろそろ戻らなきゃ」と、母が死んでいるという設定はそのままに、でもいつもどおりに会話をしていた。そのなかで、もう行ってしまうなら聞いておこうと意気込んで投げた「ふだんいるところからは私たちのこと見えてるの?」という質問に、母は少しきまり悪そうにはにかんで「見てない」と返してきた。

夢から覚めてすぐ、見てないのかよ、見ててよ、と落胆したけれど、見ていないところも正直にそう答えるところもいかにも母で、これは本物が来たなと感じた。数週間後にふと、もしかしてあの日が四十九日ってやつだったのかもと計算してみたところ、五十五日だった。

全人類でいちばん大好きな人がいなくなって、世界一悲しい思いをした。それでも図太く生き残っていて、もう極限の悲しみを体験したからあとは気楽だとか、母が新型コロナウイルスやその周辺の時事問題を知らずに済んでよかったとか、前向きに考えたりもする。人間には生きている状態と死んでいる状態があるだけだとも思う。母は生きている状態から死んでいる状態に移行しただけで、母がしたこと、作ったもの、そしてそれらにまつわる思考や感情は消えも変わりもしないのだと、母が置いていったあらゆる物事に教えられる。

母の死によって「木内みどり」が完成したと思う。木内みどりは、自分自身の決めた正しさにいつでもまっすぐ、強烈な速度で向かっていた。その鋭さと危うさが母親のものであることは手放しでは喜べないものの、木内みどりのものだと思えば、かっこよくて大好きだった。だから、自分の速度まで追い越した果てに散ってしまったような木内みどりの死にかたに、母親の死という悲しみを放ってでも、私は拍手したくなる。

死ぬことはぜんぜん怖くない、死んだら会える人が何人もいる、死んでからもやりたいことがあると言っていた母。きっと今いるどこかでも、その中心からずれながら、大いに楽しんでいるだろう。こちらのことを見るひまもなく。

初出一覧　※（　）内は初出タイトル。本書のタイトルと本文は一部をのぞき『指差し確認』掲載のものです。

第一章　大きな力に生かされている喜び

少女の日が帰ってくる夏　水玉模様の水着 ――「夢屋」1985年7・8合併号

大切にしようっと……自分が自分をみつめる時間 ――（自分が自分をみつめる時間）『家庭画報』1988年2月号

お試しください　とっておきのひとり言 ――（とっておきのひとり言）『家庭画報』1988年7月号

飽きずに見惚れて……　この着物は　生きている

――（伝統美に魅せられて）「いきいき中部」1989年2月号

森茉莉さんが、亡くなった ――「Avenue」1987年9月号

お線香がゆらぁりゆらり　亡きヒトと私の見えない遊園地

――（どこか似ているご先祖さまと一緒につくった見えない遊園地）「サンデー毎日」1986年3月16日号

医者・看護婦・患者……病院のシステムは　誰のためですか

――（お腹キリキリ痛むのに、病院には絶対、行きたくないワケは……）「サンデー毎日」1986年9月21日号

ゴミ松の引っ越し　遊びにいくからよろしくネ!! ――「中洲通信」1988年2月25日号

陽だまりに　防御《ガード》本能がとけてゆく ――「マダム」1989年2月号

そのヒトの小さな命《リズム》が誘う太古の眠り ――「中州通信」1989年2月25日号

胎内のヒトとのやさしい時間“朝日の、あ” ――（“朝日の、あ”）「マダム」1989年3月号

台所にて　絹さや相手に過激な空想 ――（野菜たちとの語らい）「マダム」1989年4月号

母の柩に入れた二つのゆで卵 ――「婦人公論」1999年8月7日号

あなたはどんな子、でした……？／遊びと仕事はくっついていたり重なったりしていてほしい／

あの世とこの世のお散歩／旅立ちと涙が切り離せない　父亡き後のおまじない電話／

寂しがりやのギャルたちは…… ――　以上『指差し確認』（鎌倉書房、1989年刊）

※第一章には、現在では不適切と思われる表現がある場合がございますが、時代背景を鑑み、そのまま掲載いたしました。
何卒ご理解のほどをお願いいたします。

第二章　命あるかぎり、できることを精一杯

マガジン9　『木内みどりの「発熱中！」』より

―― マガジン9　『木内みどりの「発熱中！」』2014年9月3日～2018年1月10日

「木内みどりの小さなラジオ」より

―― 木内みどりの小さなラジオ　Vol.1（2018年7月2日）、Vol.3（2018年8月7日）、Vol.4（2018年10月31日）

『私にも絵が描けた！　コーチはTwitter』より

――『私にも絵が描けた！　コーチはTwitter』（小さなラジオ局　出版部、2018年刊）

最後の場所 ――「暮しの手帖」第4世紀99号（2019年4-5月号）

撮影クレジット

伊豆倉守一　P.1

沢渡朔　P.10、29、30、38（©講談社『with』1983年2月号）

田村玲央奈　P.58、93、112、142～144、148、151、153

※P.36、48の写真は撮影者が不明です。お心あたりの方は編集部までご連絡ください。

木内みどり（きうち みどり）

女優。1950年、愛知県生まれ。1965年劇団四季に入団。多数のドラマ、映画に出演。コミカルなキャラクターから重厚感あふれる役柄まで幅広く演じている。東日本大震災以降、脱原発集会の司会なども行い、積極的に社会・政治問題に関わっていく。

2014年からWebサイト「マガジン9」にて『木内みどりの「発熱中！」』を連載。

2017年、Twitterに毎日絵をアップしつづけ、'18年、書籍『私にも絵が描けた！　コーチはTwitter』として出版。

2018年からWebラジオ「木内みどりの小さなラジオ」にて番組をひとりで制作、公開。

2019年11月逝去。

著書に『指差し確認』（鎌倉書房）、『私にも絵が描けた！　コーチはTwitter』（小さなラジオ局　出版部）、『またね。木内みどりの「発熱中！」』（岩波書店）がある。

あかるい死《し》にかた

2020年11月10日　第1刷発行

著者　木内《きうち》みどり

発行者　田中知二
発行所　株式会社　集英社インターナショナル
〒101-0064　東京都千代田区神田猿楽町1-5-18
電話：03-5211-2632
発売所　株式会社　集英社
〒101-8050　東京都千代田区一ツ橋2-5-10
電話：読者係 03-3230-6080／販売部 03-3230-6393（書店専用）

装丁　田部井美奈
装画　木内みどり

印刷所　大日本印刷株式会社
製本所　ナショナル製本協同組合

ISBN978-4-7976-7391-3 C0095